KB079029

세계 역사를 뒤흔든 인물오류사전

세계 역사를 뒤흔든 인물오류사전

초판 1쇄 펴낸날 | 2003년 1월 25일

지은이 | 조재선
펴낸이 | 김철수
펴낸곳 | 지원북클럽

출판등록 | 1996년 12월 3일 제10-1371호
주소 | 서울시 마포구 상수동 231번지 호수빌딩 301호
전화번호 | (02)322-9822~5 팩시밀리 (02)322-9826

ISBN 89-86717-80-8   03900

*잘못 만들어진 책은 구입처나 본사에서 교환해 드립니다.

세계 역사를 뒤흔든 **인물**
오류사전

조재선 · 지음

지원클럽

작가의 말

나는 순금의 의미가 아름다워서 좋다. 금은 겉이나 속이나 똑같고 어제나 오늘이나 내일에도 영원히 변하지 않는다!

이 세상의 모든 만물들은 아주 투명하게 자연의 섭리에 순종하며 살고 있다. 오직 인간만이, 과거의 사람이든 현재를 살아가는 사람이든, 두 얼굴을 가지고 있다.

수많은 위인들과 권력자들이 역사를 향해 거짓을 진실이라고 하고, 오류를 진리라고 주장하며 사람들을 속인다. 약점을 가진 인물들이 역사가들과 한 배를 타고 진실을 날조하기 시작했다. 그들이 밀실에서 날조한 거짓말과 오류들은 끝도 없는 어둠의 바다를 항해하기 시작했다. 마치 한 번 빠지면 다시는 헤어나올 수 없을 것 같은 블랙홀 속으로.

나는 지금 그 오류의 블랙홀 속으로 들어간다.

이 책은 세계 역사를 빛낸 70인의 인물 잡학 사전이다. 그러나 정설로 알려진 역사의 한 페이지가 사실은 오류와 모순, 혹은 거짓말로 점철된 권력자들의 가면이었을지도 모른다는 의구심에서 출발한다.

이 책에 등장하는 역사 속 주인공들은 어떤 식으로든 세계사의 흐름을 주도하였다. 그러나 그 훌륭한 업적이라는 명함 속에 오류와 거짓이 새겨져 있었다. 그들은 이것을 떼어내려고 화려한 옷으로 치장했지만 그럴수록 자신의 업적까지 위협을 받게 되었다. 역사 속 위인들은 그 화려한 이름 때문에 너무나 오랫동안 스포트라이트를 받으며 승리의 기쁨을 누렸다. 하지만 산이 높을수록 어두운 골짜기도 깊을 수밖에 없다. 이제 그들이 누린 만큼 어떤 대가를 치러야 하지 않을까?

역사의 진실이란 어차피 그 역사를 기술하는 사람들에 의해 조작되거나 미화되기 마련이다. 이 책에서 영원히 변할 것 같지 않은 유명 위인들의 진실을 이리저리 들춰내다 보면 한 번쯤 그 진실을 뒤집을 수 있는 새로운 사실을 발견하게 된다. 오류의 커튼을 걷어내면 우리들에게 신처럼 군림했던 위인들의 자기 모순과 인간적인 모습도 만나게 된다. 그것이 이 책을 읽는 즐거움이 될 것이다.

나는 이제 오류의 블랙홀을 빠져나오려 한다.

아울러 이 책이 나오기까지 많은 참고 자료를 제공해 준 한세로지스의 공동 대표 정의현, 고태희 부장에게 감사를 드리며, 지원북클럽 출판사 식구들에게도 심심한 고마움을 전한다.

2003년 새해 아침에

조재선

CONTENTS

CONTENTS

1장

사연 많고 엉뚱한 리더들

Louis XIV 1638~1715

루이 14세

프랑스 부르봉왕조의 왕(재위 1643~1715). 루이 13세의 장남으로 5세로 즉위. 베르사유 궁전을 짓고, 그곳을 프랑스 문화의 중심지로 만들었다. '짐이 곧 국가다' 라는 말로 유명하며 '태양왕' 이라고 불리는 등 절대 군주로 군림했다.

춤추는 인간 스컹크

루이 14세

❖ 춤추는 태양왕

"현재만 보고 과거를 함부로 말하지 말라."

비만한 태양왕 루이 14세를 보면서 황제의 지난 모습을 연상한다는 것은 매우 힘든 일이다. 하지만 젊은 시절 그의 취미는 발레였다! 그는 젊었을 때 날렵하고 매력적인 몸놀림으로 춤을 추었고 공식적으로 열리는 발레 공연에 주연으로 출연하기도 했던 열정적인 발레가였다.

❖ 키 작은 땅딸보 왕비

꺼멓게 벌레 먹은 이를 드러내고 웃어대는 왕비를 상상해 본 적이 있는가?

루이 14세의 왕비 마리아 테레사는 초콜릿을 너무 즐겨먹은 덕분에 그처럼 흉한 모습이 되었다고 한다.

그뿐 아니라 키도 너무 작은데다 몸매도 살이 쪄서 땅딸보라고 불렸을 정도였다. 동화 속에서 보았던 아름다운 왕비는 어디까지나 동화에서만 존재하는지도 모른다.

❖ 다이아몬드로 장식한 모피 예복

루이 14세의 사치는 아무도 말리지 못했다. 그는 남들에게 자신의 화려한 모습을 보여주는 것을 좋아했다.

그를 찾아오는 사람들, 특히 외국 주요인사들의 방문을 받게 되면 그들에게 장엄하게 보이기 위해 다이아몬드와 값비싼 보석들로 장식한 화려한 모피 예복을 입고 나타났다. 보석으로 치장한 예복이 얼마나 무거웠는지 그 무게를 견디지 못해 비틀거리면서도 루이 14세는 끝까지 이 예복 스타일을 포기하지 않았다.

❖ 대식가

루이 14세의 초상화를 보면 그가 엄청난 비만이라는 것을 알 수 있다. 루이 14세가 뚱보가 된 것은 음식을 절제하지 못하는 대식가였기 때문이다.

보통 그의 식탁에는 60가지가 넘는 음식이 나왔는데 그 음식을 거의 다 먹어 치웠다고 한다. 그뿐 아니라 갖가지 음식을 맛보기 위하여 먹었던 것을 모두 토해내고 계속해서 다른 음식을 먹기도 했다.

루이 14세의 식사시간은 대단히 복잡했다. 왕의 식탁이 공개되었기 때문에 식사시간이 되면 많은 사람들이 모여들었다. 특별한 날에는 구경을 하기 위해 귀족 등 많은 일반 백성들까지도 왕의 식탁에 모여들었다.

복도에서부터 가득 찬 군중들 사이로 10여 명의 시종들이 요리를 운반했는데 스프 담당, 육류 담당, 야채 담당 등의 손을 거쳐 배식 담당자를 거쳐야만 했다. 루이 14세가 물 한 잔이라도 마시고 싶다면 다시 거꾸로 여러 사람의 손을 거쳐야 했기 때문에 10분 정도의 시간이 소요되었다고 한다.

❖ 지독한 냄새의 인간 스컹크

"인간의 몸 중에서 치아가 가장 위험한 질병 원인이다."

루이 14세는 한 돌팔이 의사의 권유로 자신의 성한 이를 모두 뽑았다. 생니를 모두 뽑아내고도 아무 탈없이 살았다는 게 이상할 정도였다.

이가 없는 루이 14세를 위해 주방에서는 특별 요리를 만들어야 했다. 육류는 10시간 이상을 푹 삶아 흐물흐물 하게 만든 후 왕 앞에 올렸고, 그러한 상황 속에서도 루이 14세는 엄청난 양의 음식을 먹었다.

이 엉터리 의사의 처방은 거기에서 그치지 않았다. 그는 루이 14세의 입천장 대부분을 제거해 버렸고, 다음에는 입천장에 구멍을 뚫어 코까지 연결했다. 이 때문에 사람들은 루이 14세가 음료수를 마시면 곧바로 코로 흘러내리는 묘기를 감상할 수 있었다.

돌팔이 의사의 처방은 계속되었다. 그는 인간의 장이 텅 비어야만 건강해진다고 하면서 왕에게 아주 독한 설사약을 항상 처방했고, 그 덕분에 왕은 하루에 평균 15번 정도 대변을 보아야 했다. 시간이 많이 걸리는 공식행사가 끝나면 왕의 속옷에서는 지독한 냄새가 진동했다.

❖ 귀부인들의 꿈은 왕과의 잠자리

루이 14세 시대의 귀부인들은 왕과 한 침대를 쓰기 위해 온갖 수단과 방법을 총동원했다.

턱은 빠지고 음식을 먹으면 코로 음식이 도로 나오고, 온몸에서 악취가 풍기는 왕이었지만 그의 권력을 사랑한 수많은 귀부인들의 구애는 끊이지 않았다. 루이 14세와 단 한 번이라도 관계를 가지게 되면 공식애인 대우를 받게 되는데 그러면 베르사유궁전에 마음대로 출입할 수 있었고 많은 혜택이 주어졌기 때문이다. 심지어는 귀족들까지도 아내에게 왕의 애인이 되라고 권할 정도였다.

❖ 날조된 이야기

"짐이 곧 국가다!"

루이 14세 하면 이 말이 생각난다. 그러나 루이 14세가 그런 멋진 말을 할 정도로 철학적인 사람이었다는 것에는 어느 역사학자도 동감하지 않는다. 루이 14세의 전기작가인 볼테르(Voltaire)가 그를 카리스마적인 태양왕으로 만드는 과정에서 이 말을 만들어냈다.

❖ 베르사유궁전의 화장실

루이 14세는 무려 50년이라는 세월을 들여 베르사유궁전을 건축했다. 궁전에는 1,400개의 분수대를 세웠는가 하면 자신을 위해 하인 4,000명을 부렸다. 이 궁전에서 필요로 하는 물의 양은 전체 파리 시민이 사용할 수 있는 양이었다.

그런데 베르사유궁전에는 큰 허점이 하나 있었다. 그것은 화장실이 없었다는 것이다. 더욱이 그 당시에는 누구나 왕궁을 자유로이 드나들 수 있었는데 용변을 해결하지 못해 전전긍긍하던 사람들이 정원의 으슥한 곳에서 볼일을 해결하는 바람에 악취가 진동하고 곳곳에서 돌발상황이 발생하였다.

이처럼 궁전 정원에서 용변 냄새가 진동하자 정원을 가꾸던 정원사들이 '정원에서 용변을 보는 것을 금지한다' 라는 팻말을 세우게 되었다. 이 팻말은 '에티켓을 지키자' 라는 뜻으로 통용되어 지금의 '에티켓' 이란 말의 의미가 되었다.

❖ 대머리와 가발

유럽의 귀족 남성들이나 음악가들이 흰색 가발로 머리를 크게 치장하고 다니는 영화나 그림들을 본 적이 있을 것이다. 이 흰색 가발의 유래는 루이 14세에게서 비롯된다.

루이 14세는 나이가 들면서 대머리가 되었다. 그러자 직속 이발사는 왕에게 흰색 가발을 만들어 쓰게 하였는데 루이 14세가 흰색 가발을 하자 귀족들이 앞다투어 왕과 비슷한 가발을 착용하기 시작했다.

❖ 넥타이의 유래

루이 14세가 유행시킨 것 중에 또 하나는 남성들의 넥타이다.

어느 날 루이 14세는 크로아티아(Croatia) 국의 사절단이 가늘고 긴 천을 목에 걸고 베르사유궁전의 정원을 거니는 것을 보게 되었다.

루이 14세는 이 장식이 무척 맘에 들었고 그들과 똑같이 흉내를 내어 목에 긴 천을 두르고 궁전에서 지냈다. 이것을 본 궁정의 귀족들이 서로 앞다투어 흉내를 냈고 이것이 넥타이의 효시가 되었다.

❖ 향수의 유행

목욕탕에서 여러 가지 병이 감염된다는 소문과 아울러 목욕을 싫어하는 루이 14세의 영향으로 궁정 사람들뿐 아니라 귀부인들조차도 목욕하는 것을 꺼리게 되었다.

그리고 목욕을 하지 않아 몸에서 악취가 나자 사람들은 이 냄새를 제거하기 위해 노력하였다. 이것이 향수를 만들게 된 역사적 근거가 되었다.

✥ 몰락의 길

루이 14세는 강력한 프랑스를 만들기 위해 노력했지만 베르사유궁전을 건축하고, 국민들에게 전쟁 비용을 무리하게 전가하는 바람에 인기가 급격히 떨어지고 말았다. 그는 여러 차례의 대외 전쟁과 화려한 궁정생활로 프랑스 재정이 바닥이 나자 국민들에게 무리한 세금을 거둬들였고 국민들의 원성은 극에 달했다.

마침내 루이 14세가 죽었다는 소식에 프랑스 국민들은 모두 기뻐하며 노래를 부르고 춤을 추었다.

Franklin, Benjamin 1706~1790

목욕을 즐긴 불면증 환자

프랭클린

✤ 가난한 양초 제조공의 아들

"가난은 성공의 어머니다!"

이 명언은 프랭클린에게도 어김없이 적용된다. 그는
가난한 양초 제조공의 아들로 태어났지만 미국 독립
운동에 뛰어들어 미합중국을 세우는 일등 공신이 되
었다. 그의 이름은 세계 역사에 길이 남았다.

✤ 다방면에 뛰어난 능력

무슨 일이든 누구보다도 뛰어난 능력을 발휘했던 프
랭클린. 그의 화려한 이력 중 대표적인 몇 가지만 들
어보자.

그는 인도주의자였고 화가였으며, 작가이자 출판인
이었다. 또, 정치가이자 사업가로도 맹활약을 펼쳤다.
그는 발명에도 힘을 쏟았는데 피뢰침 발견, 스토브 발

프랭클린

미국의 정치가 · 과학자 · 문
필가. 1775년 미국 독립선언
기초위원이 되고, 1776년 주
불대사로서 미 · 불 공수동맹
조약을 체결하는 등 독립운동
에 전력하였다.

18

명, 원시 근시 겸용 안경, 흔들의자 등을 세상에 선보였다. 그리고 무엇보다도 훌륭한 업적이 있다면 공기가 나쁜 실내에서 병원균이 빠르게 전염된다는 것을 발견한 것이다.

❖ '최초'라는 명함

프랭클린은 한 마디로 대단한 이력의 소유자였다. 그의 이름 앞에는 항상 '최초'라는 말이 따라왔을 만큼 다양한 분야에서 활동했다.

- 필라델피아에 최초의 소방서 창설
- 아메리카 최초의 병원 설립
- 아메리카 최초의 대출 도서관 건립
- 아메리카 최초로 유용한 우편제도 창립
- 아메리카 최초로 노예제도를 반대하는 단체의 리더가 됨
- 아메리카 최초의 화재 보험회사(아메리칸) 창립
- 아메리카 최초로 야한 소설 수입

❖ 프랭클린의 레저는 목욕

프랭클린은 휴식을 취하거나 책을 읽거나 글을 쓸 때 그의 개인 목욕실을 자주 이용하였다. 그 덕분에 항상 언론의 비난을 피할 수 없었다.

당시에는 공중목욕탕 시설도 거의 미비한 상태였기 때문에, 그가 처음으로 개인 목욕탕을 만들어 애용하는 것은 언론의 지탄을 받아 마땅한 일이었다.

❖ 잠과의 전쟁

벤자민 프랭클린은 밤마다 심한 불면증으로 고생을 했다.

그는 잠이 오지 않을 때는 애써 잠을 자려고 하지 않았으며, 침대에서 일어나서 시트를 새로 교체하거나 방안을 서성거리다가 침대 시트가 차가워졌을 때 다시 잠을 청하곤 했다.

❖ 검소한 생활은 책을 사기 위해서

프랭클린은 먹을 것을 사는 비용마저 아끼면서 궁상맞을 정도로 검소한 생활을 했는데, 이는 필요한 연구서적들을 사기 위해서였다.

한번은 친구와 식사를 마치고 나서, 그의 친구가 맥주를 마셨는데 그는 맹물을 마셨다. 이 모습을 보고 친구가 한 마디 했다.

"이봐, 맥주 한 잔쯤은 괜찮잖아!"

그러자 프랭클린은 단호하게 말했다.

"맥주의 원료가 물이란 걸 모르나? 맥주를 마시든 물을 마시든 다 마찬가지가 아닌가?"

❖ 술에 대한 견해

인간에게 술은 과연 어떤 의미가 있을까? 프랭클린은 술에 대해 이렇게 표현했다.

"술은 이 세상에서 인디언들을 모두 몰아내기 위하여 하나님께서 우리들에게 예비하신 축복이다."

당시 아메리카로 건너온 영국인들은 원주민인 인디언들과 영토 문제 등으로 협상을 벌일 때 대표로 나온 인디언들에게 술을 내놓았다. 그리고 인디언들이 그 술을 먹고 취하면 영국인들은 원하는 대로 협상을 이끌어낼 수 있었다. 결국 영국인들은 술을 이용해 인디언들을 결박했다고 해도 과언이 아니다.

❖ 돈이 돈을 낳는다

1790년 어느 날 프랭클린은 보스턴 시에 5천 달러를 기부하면서 이런 소망을 말했다.

"이 돈은 100년이 지난 후에 학교를 세우는 데 사용했으면 합니다."

프랭클린의 소망은 결국 이루어졌다. 100년 후인 1890년, 그 돈은 40만 달러로 불어났고 그 돈으로 최신식 학교를 세우고도 거의 10만 달러가 남았다. 그로부터 60년 후인 1950년, 그 나머지 돈은 1백만 달러로 불어났다.

❖ 미국 최초의 동전

1787년 미국에서 처음으로 '푸지오' 라는 동전이 발행되었다. 이 동전은 '프랭클린 동전' 이라고 불렸다. 왜냐하면 그 동전에는 '당신의 일을 돌보라' 라는 말이 씌어 있는데, 이 말을 한 주인공이 바로 벤자민 프랭클린이었기 때문이다.

Louis XVI 1754~1793

루이 16세

루이 16세

프랑스 부르봉왕조의 왕(재위
1774~1792). 선왕의 재정 탕
진과 미국 독립전쟁을 원조하
여 프랑스가 재정 위기에 빠지
자 3부 회의를 소집하는 등 위
기를 극복하려 했지만 실패했
다. 결국 프랑스혁명으로 국민
공회에 의해서 왕비 마리 앙투
아네트와 함께 단두대에서 처
형되었다.

✢ 최상의 불협화음을 이룬 커플

프랑스의 루이 16세와 오스트리아의 공주 마리 앙투
아네트는 세계의 관심을 끈 커플이었다. 그러나 그
두 사람은 전혀 어울리지 않았다.

마리 앙투아네트는 화려한 패션 감각을 가진 미인으
로 많은 사람들과 어울리기를 좋아하는 공주였고, 루
이 16세는 대식가에다 정말 못생긴 추남으로 센스가
전혀 없는 사람이었다. 그는 결혼식 당일에도 계속
먹어대서 그의 조부인 루이 15세로부터 핀잔을 들을
정도였다.

✢ 취미는 사냥, 특기는 자물쇠 만들기

루이 16세의 취미는 사냥이었다. 그는 즉위한 날부터
프랑스 대혁명이 일어날 때까지 3일에 한 번 꼴로 사냥을 떠났다.

또한, 루이 16세는 자물쇠에 관심이 많았다. 시간만 나면 아무도 없는 골방에 들어가 자물쇠를 만들었다. 하지만 공식 석상에서는 병든 닭처럼 조는 것이 그의 일이었다.

❖ 유명한 사냥일기

루이 16세는 거의 날마다 빠지지 않고 일기를 썼는데 대부분 사냥에 대한 기록으로 가득 차 있었다. 황제의 사냥에 대한 남다른 집착은 그의 일기장에 고스란히 나타났다.

프랑스 대혁명이 일어난 1789년 7월 14일, 바스티유감옥이 습격 당한 날에는 일기를 쓰지 않았다. 하지만 그 후 10월 6일의 일기에는 이런 내용이 적혀 있다.

"사냥을 나가서 81마리를 잡았지만, 그 사건 때문에 중단해야만 했다."
여기에서 '그 사건'이란 백성들이 베르사유궁전에 몰려와서 왕실이 모두 쫓겨난 사건을 말한다. 그는 그 혼란의 와중에도 사냥을 나갔던 것이다.

❖ 죽음을 앞두고도 먹는 대식가

루이 16세는 어디에서든 무엇이든 많이 먹었다.

프랑스 대혁명 후 사형선고를 받고 죽음의 공포가 엄습하는 감옥 안에서도 '기름기가 가득한 튀김 다섯 조각, 큰 닭고기 한 마리, 포도주 석 잔을 한순간에 먹어 치운 위대한 사나이'가 있었으니, 그 이름도 유명한 루이 16세였다.

❖ 왕다운 유언

1792년 왕권이 정지되고 1793년 1월 사형이 확정되어 단두대에 섰을 때 루이 16세는 마지막으로 이런 유언을 남겼다.

"나에게 죽음을 선고한 모든 이들을 용서하노라! 이와 같이 피를 흘리는 일이 다시는 프랑스의 어느 누구에게도 일어나지 말기를……."

아무리 못났다고 해도 그는 프랑스의 한 시대를 이끌었던 왕이었다.

❖ 운명의 사슬

프랑스혁명의 선구자 로베스피에르(Robespierre)는 1774년 루이 16세의 대관식에서 17세의 소년으로 축시를 낭송했던 인물이었다. 그 후 로베스피에르는 프랑스혁명의 기수로 변신하여 1793년 루이 16세를 단두대의 이슬로 사라지게 만들었다.

그러나 운명은 돌고 도는 것인가? 그로부터 1년 뒤인 1794년 로베스피에르는 루이 16세의 목이 잘린 바로 그 단두대에서 자신도 목이 잘리는 불행한 운명을 맞이했다.

Nelson, Horatio Viscount 1758~1805

배멀미로 고생한 해군 제독

넬슨

❖ 배멀미로 고생한 해군 제독

영국 해군 하면 가장 먼저 넬슨 제독이 연상된다. 그
런 그가 배멀미를 심하게 했다면 아무도 곧이듣지 않
을 것이다.

35년을 거친 바다와 함께 한 '바다의 사나이' 넬슨은
배를 탈 때마다 심한 배멀미로 고생을 했다고 한다.
그는 배멀미를 극복하기 위해서 온갖 식이요법을 다
써 보았지만 아무 소용이 없었다.

프랑스의 막대한 연합함대와 전쟁을 해서 큰 승리를
거뒀지만 그는 여전히 배멀미에게 고개를 숙이는 패
배자였다.

❖ 화려한 전사

넬슨은 트라팔가르 해전에서 장렬하게 전사했다. 그

넬슨

영국의 제독. 1803년 프랑스
와의 전쟁이 재개되자 지중해
함대 사령관이 되어, 프랑스와
스페인 연합군대를 격멸하는
등 불멸의 공적을 남겼다.

러나 그 표현보다 더 정확한 표현이 있다.

"넬슨은 화려하게 전사했다!"

넬슨은 배에서나 외출할 때에나, 언제 어디서든 화려한 복장으로 제독의 위엄을 나타냈다. 심지어 그는 전투 중에도 항상 화려한 제복을 입고 병사들을 지휘했다.

넬슨이 전사한 날 역시 화려한 제복을 입은 채 갑판 위에서 작전을 지휘했고 그때 적들은 '화려한 지휘자'를 알아보고 그를 향해 집중 사격을 가했다. 그는 장렬하게 죽은 것이 아니라 화려하게 전사한 것이다.

❖ 술에 찌든 제독

넬슨 제독이 프랑스와 스페인 연합함대와의 해전에서 대승리를 거두고도 안타깝게 전사하자 부하장교들은 그의 시신을 보존하기 위해 술통(럼주)에 넣어 본국으로 송환했다.

그러나 막상 영국에 도착하여 그의 시신을 확인하여 보니 심하게 부패되어 있었고 술통의 술은 바싹 말라 있었다. 원인을 조사해 보니 술을 마시고 싶은 선원들이 술이 없자 유혹을 이기지 못하고 넬슨을 담은 술통의 럼주를 훔쳐 마셨기 때문이었다.

❖ 넬슨의 로맨스

넬슨의 생애에서 빼놓을 수 없는 장면은 그의 유명한 로맨스이다.

여러 해 동안 그는 나폴리 주재 영국 대사의 아내인 해밀턴 부인과 사랑을 나눴는데 그들은 그 사실을 숨기지 않고 공공연하게 밝혔다. 두 사람 사이에는 아이도 있었다.

결국 넬슨의 가정은 파탄에 이르렀고 두 사람은 사람들로부터 차가운 눈총을 받아야 했다. 하지만 그들은 너무나 사랑했기에 그 시선도 감당해 낼 수 있었다.

그러나 전쟁은 넬슨과 해밀턴 부인의 사랑을 시기했다. 넬슨은 트라팔가르 해전에서 적의 총탄을 맞아 쓰러지고 말았다. 그는 숨을 거두며 이런 말을 남겼다.

"오 나의 사랑…… 해밀턴 부인을 잘 돌봐주시오!"

❖ 초라한 해밀턴 부인의 죽음

넬슨의 영웅적 죽음과 영광스러운 장례식에 비하면 해밀턴 부인의 죽음은 너무도 쓸쓸했다.

낭비벽이 심했던 그녀는 넬슨의 유산까지 모두 탕진하고 아무에게도 관심받지 못하고 살다가 외로운 죽음을 맞이했다.

그러나 그들의 사랑은 아직까지도 진행되고 있다. 현재 런던의 국립초상화 미술관에는 넬슨과 해밀턴 부인의 초상화가 나란히 걸려 있다.

Lincoln, Abraham 1809~1865

노예 해방에 무관심했던 전략가

링컨

❖ 노예 폐지론에 무관심

링컨 하면 '노예 해방'이 떠오르지만 실제로 그는 '노예제 폐지론'에 대하여 전혀 관심이 없었다. 그는 백인과 흑인의 평등에 찬성하지 않았다. 하지만 그는 노예 해방의 선구자가 되었다. 왜일까?

링컨은 노예 해방에 전혀 관심이 없었고 그에게 있어서 중요한 것은 오로지 대통령의 권력을 지키는 것이었다.

"노예를 해방시킬 것인가? 존속시킬 것인가?"

이런 질문은 중요하지 않았다. 그는 노예제 폐지에 대해서 어떤 때는 찬성하고 어떤 때에는 반대했다. 그는 노예 문제를 자신의 권력을 지키는 데 이용했을 뿐이다.

링컨

미국 제16대 대통령(재임 1861~1865). 1863년 1월 1일 노예 해방 선언. 미국 역대 대통령 중 제1인자로 불리며 국민들에게 무상(無上)의 존경을 받고 있다.

❖ 성인인가, 전략가인가?

링컨은 복잡한 시대에 대통령이 되었다. 그는 노예 해방론자들과 그에 반대하는 국민들 사이에서 돌파구를 찾아야 했다. 그는 결국 '노예제 폐지' 라는 최고의 승부수를 던졌다.

하지만 그는 노예들의 인권을 위해 힘쓰다가 죽은 영웅이 결코 아니었다. 그는 노예제 폐지에 대하여 어떠한 소신도 없었다. 1861년 3월 4일 대통령에 취임하자 링컨은 "나의 최고의 목적은 연방을 유지하여 이를 구제하는 것이지, 노예제도의 문제는 아니다." 라고 주장하였다.

하지만 시대 상황에 맞춘 전략 덕분에 그는 '노예 해방' 이라는 특수를 누리며 오늘날 성인으로까지 추앙 받고 있다.

❖ 노예제 폐지의 원동력은 소설

미국 노예 해방의 일등공신은 링컨이 아니라 여류 소설가 스토(H. E. B. stowe) 부인이었다.

그녀의 장편소설 『엉클 톰스 캐빈』은 노예 해방의 기폭제 역할을 하였다. 미국에서뿐만 아니라 전 세계 23개국에서 번역되어 여러 나라에 영향을 준 이 소설은 노예제도 폐지에 가장 중요한 역할을 하였다.

❖ 일등병 출신의 대통령

링컨은 1883년 약 2개월 정도 군대 생활을 했는데 그의 마지막 계급은 일등병이었다. 또한, 링컨은 이상한 습관이 있었는데 그는 글을 쓰면서 언제나 입술을 삐쭉거렸다고 한다.

❖ 게티즈버그 연설

"국민을 위해, 국민이 하는, 국민의 정치!"

이 말은 링컨이 게티즈버그 연설에서 한 말로 역사상 가장 유명한 명언 중 하나로 꼽힌다. 그러나 이 말은 링컨이 처음 만들어낸 것이 아니라 그 전부터 많은 사람들이 사용하였던 말이다.

오늘날 수없이 인용되고 있는 게티즈버그 연설. 하지만 그 당시 신문들의 반응은 실로 냉담하기 그지없었다. 신문들은 그의 연설 내용을 혹독하게 비판하였고 미국인들은 대통령의 사탕발림에 당황했다.

어떤 신문은 다음과 같은 커다란 타이틀을 걸었다.

'지루한 연설로 인해 웅성거리며 흩어지는 청중!'

❖ 링컨은 동성연애자?

큰 인물 뒤에는 항상 험담이 따르는 것일까, 아니면 위인이기 때문에 이해 못하는 부분들이 있는 것일까?

어쨌든 링컨은 한 미남자와 3년 이상이나 같은 침대를 사용했다고 한다. 우정을 동반한 친구였을까 아니면 사랑을 위한 애인이었을까?

❖ 구두에 얽힌 에피소드

한 정치가가 대통령을 만나러 집무실로 들어섰다. 마침 링컨은 스스로 자기 구두를 닦고 있었다. 그 정치가가 깜짝 놀라 물어보았다.

"아니, 각하, 어째서 각하께서 직접 구두를 닦으십니까?"

그 말에 링컨은 시치미를 떼고 말했다.

"아니 그럼, 대통령이 남의 구두를 닦아주어야 하나요?"

❖ 더글러스의 공격과 링컨의 변론

링컨과 더글러스는 영원한 경쟁자였다. 대부분 더글러스가 먼저 링컨을 공격했는데 논쟁에서 서로 막상막하였다.

어느 날 한 정견 발표회에서 더글러스가 링컨을 공격했다.

"링컨은 과거에 상점 점원으로 술도 곧잘 팔았습니다."

잠시 후 링컨이 일어나 대답했다.

"더글러스 의원의 말은 사실입니다. 나는 상점에서 식료품, 담배, 잡화, 위스키 등을 팔았습니다. 그때 단골 고객이 더글러스 의원입니다. 나는 그에게 위스키를 참 많이 팔았습니다. 그러나 오늘 우리 두 사람은 분명 다른 점이 있습니다. 나는 그 상점을 떠났으나 존경하는 더글러스 의원은 아직도 그 위스키를 떠나지 못했다는 것입니다!"

그 날 링컨은 대승리를 낚았다.

❖ 노예 해방 선언문 앞에서 머뭇거린 이유

링컨은 각료들이 모인 가운데 노예 해방 선언문에 서명을 하기로 했다. 그런데 단숨에 서명을 하지 않고 그 자리에서 머뭇거리는 게 아닌가. 그 모습을 보고 있던 장관들이 이상하게 여기며 왜 서명을 하지 않느냐고 물어보자 링컨은 이렇게 대답했다.

"오늘 아침에 많은 사람들과 악수를 해서인지 내 오른손에 힘이 쭉 빠져 버렸습니다. 오늘 이 서명은 역사적인 사건이고, 나 자신으로서도 대단한 영광입니다. 그런데 만일 지금 이 선언문에 서명하면서 손을 떨었다면, 후손들이 두고두고 내가 이 서명을 억지로 했다고 할 것이 아니오?"

✤ 이중인격자에 대한 반문

링컨이 의회에서 한 야당의원으로부터 강도 높은 비난을 받았다.

"당신은 두 얼굴을 가진 이중인격자요!"

그러자 링컨이 억울하다는 표정으로 이렇게 반문했다.

"만일 나한테 얼굴이 두 개라면 왜 이런 중요한 자리에, 하필이면 이 얼굴을 하고 나왔겠습니까?"

✤ 자기 얼굴에 책임을 져라

링컨의 친구가 비서로 추천한 한 사람이 그의 집무실을 찾아왔다. 그러나 링컨은 인상이 좋지 않다며 그를 채용하지 않았다. 그 사람은 억울한 듯이 이렇게 항의했다.

"얼굴은 제 책임이 아니지 않습니까?"

그러자 링컨이 단호하게 말했다.

"마흔이 넘은 사람은 자기 얼굴에 책임을 져야 하네!"

✤ 암살의 일등공신은 경호원

링컨 대통령은 워싱턴에 있는 포드 극장의 2층 특별석에서 연극을 관람하던 중 괴한의 흉탄에 쓰러졌다. 1865년 4월 14일, 링컨이 남북 전쟁에서 승리한 후 불과 5일 만의 일이었다.

그런데 안타까운 일이지만 대통령의 죽음에 일등공신은 그의 경호원이었다. 바로 뒤에서 링컨을 호위해야 할 경호원이 자신의 임무를 망각하고 극장 근처의 술집에 앉아 있었기 때문이었다. 링컨의 암살범 존 윌크스 부스(John W. Booth)는 아무런 저지도 없이 자신의 목적을 이룰 수 있었다.

❖ 얽히고 설킨 인연

링컨 대통령의 맏아들인 로버트 링컨이 워싱턴으로 가던 중에 교통사고를 당해 위험한 상태에 처했다. 이때 연극 배우 에드윈 부스가 그 광경을 목격하고 그를 구해냈다.

그런데 이게 어찌된 일일까? 에드윈 부스는 바로 링컨 대통령을 암살한 존 부스의 형이었다. 그는 미국뿐만 아니라 영국에서도 인기 있는 배우였다.

❖ 영부인 메리의 히스테리

링컨의 아내 메리는 기복이 심한 여성이었다. 그녀는 대통령의 부인답지 않게 나쁜 점은 두루 다 가지고 있었다.

메리는 무언가 자신의 마음에 안 들면 불같이 화를 내며 분별력을 잃어버렸다. 반면 링컨의 인내력은 대단했다. 정적들로부터의 비난과 인신공격에서 여유 있게 승리할 수 있었던 것도 바로 그의 인내력 때문이다. 그는 인내를 아내로부터 훈련받았다고 말한 적도 있다.

또한, 메리의 질투는 아주 유명했다. 한번은 그녀가 링컨과 함께 군부대를 열병하고 있을 때 링컨이 한 젊은 장군의 부인과 정답게 이야기하는 모습을 발견했다. 메리의 얼굴은 갑자기 험악해졌고, 짜증을 내며 미친 듯이 날뛰었다.

"어제 좀 무리를 했더니 아내가 오늘은 좀 피곤해서!"

링컨은 대통령의 자존심을 구겼지만 어쩔 수 없이 꾹 참고 태연하게 말했다.

더구나 메리의 결정적인 결점은 허영과 사치였다. 남편이 대통령에 취임하자마자 그녀는 고급 옷과 사치품을 마구 사들였다. 이 때문에 링컨이 암살당한 후 막대한 빚으로 고통을 당했다고 한다.

❖ 링컨과 케네디의 기막힌 우연

첫째, 링컨은 1846년에, 케네디는 1946년에 국회의원에 당선되었다.

둘째, 링컨은 1860년에 대통령으로 선출되었고, 케네디는 1960년에 대통령 업무를 시작했다.

셋째, 링컨의 비서 이름은 케네디였고, 케네디의 비서 이름은 링컨이었다.

넷째, 링컨의 아내 메리와 케네디의 아내 재키는 남편이 대통령으로 있을 때 사랑하는 자식을 잃었다.

다섯째, 링컨과 케네디는 아내와 함께 있는 자리에서 총에 의해 암살 당했고 총알은 모두 후두를 관통했으며, 두 사건은 금요일에 일어났다.

여섯째, 링컨과 케네디의 암살범 부스와 오스월드는 모두 재판을 받지 못하고 그 자리에서 사살되었다.

일곱째, 링컨의 다음 계승자는 1808년에 태어난 '앤드류 존슨' 이며, 케네디의 다음 계승자는 1908년에 태어난 '린드 존슨' 이었다.

가필드

Garfield, James Abram 1831~1881

❖ 양손잡이 천재

가필드 대통령은 양손을 동시에 사용할 수 있었다. 그는 한 손으로는 영어를, 나머지 한 손으로는 라틴어 또는 그리스어를 동시에 쓸 수 있는 천재였다.

❖ 사람을 몰라본 농장주

오하이오 주의 최고 부자였던 테일러의 농장에 한 젊은이가 찾아와서 일자리를 구했다. 테일러는 성실한 그에게 많은 일을 맡기게 되었다.

어느 날 그 젊은이는 테일러의 딸을 사랑한다고 고백하면서 결혼을 허락해 달라고 부탁했다. 그러자 테일러는 화가 나서 그를 농장에서 쫓아냈다.

수년 후 테일러는 그 젊은이가 기거하던 헛간을 청소하다가 그의 이름을 발견하고 기겁을 했다. 왜냐하면

가필드

미국의 제20대 대통령(재임 1881년 3월 4일~9월 19일). 1881년 대통령에 당선되었으나 7월 2일 워싱턴 역전에서 C. 기토의 총격을 받아 투병하다가 9월 19일 사망했다.

그 젊은이가 바로 가필드 대통령이었던 것이다! 만약 그때 그 젊은이와 딸의 결혼을 허락했다면 그는 대통령의 장인이 되었을 것이다.

❖ 어머니를 위한 특별 이벤트

가필드 대통령의 어머니는 큰 영광을 맛보았다. 미합중국의 대통령이 된 아들의 취임식을 자랑스럽게 지켜볼 수 있었기 때문이었다. 물론 그 이전에도 몇 명의 어머니들이 자신의 아들이 대통에 오르는 날까지 생존했었지만, 그때까지 취임식에 참석한 것은 가필드의 어머니가 처음이었다.

그는 대통령 취임식에서 어머니의 뺨에 감격의 키스를 퍼부었다. 식장에선 박수소리가 오래도록 그치지 않았다.

그러나 그녀의 영광은 길지 않았다. 불과 4개월 후 그녀는 암살범의 손에 아들이 쓰러지는 비극을 경험하게 된 최초의 어머니가 되었다.

❖ 주치의의 어처구니없는 응급처치

미국 역사상 몇 명의 대통령이 암살당했는데 그 중에서 링컨과 가필드는 아주 특별하다. 링컨은 노예 해방의 선구자로 지금까지도 많은 사람들의 추앙과 존경을 받고 있는 반면에 가필드는 어이 없는 죽음으로 사람들의 기억속에서 점점 사라져가고 있다.

우리에게는 생소한 미국 대통령 가필드는 1881년 7월 2일 워싱턴 역에서 공무원으로 직책을 얻지 못하자 불만을 품은 C. J. 기토가 쏜 총에 맞아 쓰러졌다.

대통령이 총에 맞는 순간 현장은 아수라장이 되었다. 즉시 최고 의술을 자랑하는 대통령 주치의가 도착하여 응급처치를 시작하였는데 그 방법이 현재 우리가 상상할 수 없는 것이었다. 그는 총알을 찾기 위해 소독도 하지 않은 철제 핀셋을 대통령의 구멍난 갈비뼈 사이로 강제로 밀어 넣고 몸 속을 헤집고 다녔다.

핀셋으로 총알을 찾아내지 못한 주치의는 급기야 총상 부위에 손가락을 집어넣어 총알을 찾았지만 야속하게도 총알은 발견되지 않았다.

물론 그는 손을 소독하지도 씻지도 않았다. 다급한 상황에서 이성을 잃은 것일까 아니면 그 시대의 의료 수준이 그 정도였을까?

❖ 79일 간의 공포, 총알을 찾아라!

사라진 총알을 찾기 위해 전국 각지에서 유명한 의사들이 백악관에 들어갔다. 대통령의 몸속에 들어 있는 총알을 찾기 위한 작업은 광범위하게 벌어졌으나 그럼에도 불구하고 총알은 나타나지 않았다.

이렇게 대통령에게 찾아온 79일 간의 공포는 그 해 여름의 각종 신문에 자세히 기록되어 있다. 그는 살아나기 위한 필사의 투쟁을 시작했지만 당시 의학은 그의 의지에 아무런 도움도 주지 못했다. 언론에서는 날마다 대통령이 회복되어간다는 등 희망을 담은 기사를 실었지만 그의 죽음은 아무도 막지 못했다.

❖ 최후의 몸부림

여름철의 워싱턴은 찜통이었다. 그래서 아픈 대통령을 시원한 바닷가 휴양지에서 치료한다는 거대한 계획이 진행되었다.

먼저 백악관에 특수 철도 트랙이 놓여졌고, 뉴저지 주의 한 바닷가에 있는 작고 아담한 휴양처의 문 앞까지 특수 레일을 깔고 대통령을 이송하였다.

하지만 이런 노력에도 불구하고 가필드 대통령은 결국 1881년 9월 19일 서거하였다.

그의 인생 시간표는 여기까지였을까, 아니면 억울한 운명의 장난이었을까? 그 날은 그의 어머니가 여든 번째 생일을 이틀 앞두고 있을 때였다.

✤ 대통령의 사인은 감염

총알은 대통령 사후에 발견되었다. 대통령이 사망하고 시신을 해부하자 그제야 총알이 나왔다.

그런데 후에 많은 의학자들은 그 당시의 자료를 토대로 하여 총알이 만약 그 환부에 박혀 있었다면 대통령이 생존했을 것이라고 확신하였다. 이런 정황으로 보면 대통령이 정작 총상보다 불결한 응급조치로 인한 2차 감염을 견뎌내지 못하고 79일 만에 숨졌다는 것이다.

오래 전 고대 문명에서조차 청결을 위하여 노력했고, 살균이나 소독에 관해 알고 있었다. 영국에서는 1860년대 후반부터 현대의 소독약을 사용하는 수술 기법을 최초로 시도했을 정도로 소독이나 청결에 신경을 썼다.

이와 같은 의료 상식이 있었음에도 불구하고 미국의 의사들은 소독약의 존재를 인정하지 않았다. 심지어 산모가 출산할 때 아이를 받는 의사들조차 손을 씻지 않았다고 하니 지금으로서는 도저히 이해하지 못할 상황이다.

✤ 사형장 입장권

가필드 대통령 암살범인 기토는 1882년 6월 30일 12시 40분, 미국의 수도 워싱턴에서 교수형을 당했다. 그의 교수형 장면을 공개하기로 하자 교수형 당일, 그 광경을 보기 위해 각지에서 사람들이 몰려들었다.

하지만 사형이 집행되는 장면을 볼 수 있는 사람은 300명도 되지 않았다. 그러자 암표가 거래되었고 그 중에는 300달러 이상을 지불하고 입장한 사람도 있었다.

❖ 묘한 징크스

미국 대통령들에게는 묘한 징크스가 있다. 역대 대통령 중에서 연도 말미에 '0'이 붙은 해에 당선된 사람은 임기 도중에 죽었다는 것이다.

1860년에 당선된 링컨은 남북전쟁 직후 암살되었다. 1880년에 선출된 가필드는 관직을 얻지 못한 공무원에 의해 암살당했고, 1900년 재선된 매킨리도 무정부주의자에 의해 버펄로에서 암살되었다. 1960년에 선출되었던 케네디 역시 댈러스에서 암살당했다.

또한, 1840년 선출된 해리슨은 취임 후 불과 1개월밖에 되지 않아서 병사했고, 1920년 대통령직을 맡은 하딩은 유세 중 의문의 급사를 당했다. 1940년 프랭클린 루스벨트도 임기를 채우지 못하고 병사하고 말았다.

한편, 미국 대통령의 암살범을 살펴보면 특징이 있다. 링컨 대통령의 암살범 존 윌크스 부스, 가필드 대통령의 암살범 찰스 J. 기토, 매킨리 대통령의 암살범 리온, 이들은 모두 가톨릭 신자였다.

이것은 우연의 일치였을까?

Roosevelt, Theodore 1858~1919

T. 루스벨트

❖ 네 아들 중 세 아들이 전사하다

데오도르 루스벨트는 진정으로 미국 국민의 사랑을 받을 자격이 있는 대통령이었다.

루스벨트에게는 네 명의 아들이 있었는데 그 중 세 명의 아들이 전쟁터에서 목숨을 잃고 말았다. 그는 조국의 영광을 위해 자신뿐 아니라 세 명의 아들을 바친 것이다.

❖ 하필이면 같은 날

그에게 있어서 1884년은 악몽의 해였다. 아내와 어머니를 같은 날 잃었기 때문이다. 그는 사랑을 잃어버린 고통 속에서 약 2년 동안 정치에 등을 돌렸다.

그는 뛰어난 정치가였을 뿐만 아니라 사랑 때문에 울 줄 아는 로맨티스트였다.

T. 루스벨트

미국의 제26대 대통령(재임 1901~1909). 1905년 러일전쟁을 조정하고 모로코 문제의 해결을 알선하여 1907년 노벨 평화상을 받았다. 미국의 역대 대통령 중 가장 강력한 통치자로 알려진다.

❖ 권투시합 때문에 실명하다

대통령의 이름 중에서 루스벨트란 이름은 정상인과 거리가 먼 것일까?
데오도르 루스벨트 대통령은 왼쪽 눈이 실명에 가까웠다. 1904년 권투 시합
에서 얻어맞은 것이 실명으로 이어진 것이다. 그리고 나중에 32대 대통령이
된 프랭클린 루스벨트는 소아마비였다.

❖ 최다 악수 기록

대통령이 되려면 체력이 강해야 할 것 같다. 1907년 데오도르 루스벨트는
신년하례 때 백악관을 찾은 사람들에게 한 사람도 빼놓지 않고 일일이 악수
를 청했는데 그 당시 모인 사람들은 대략 8천 명을 넘었다고 한다.

❖ 휘파람 부는 대통령

루스벨트와 어느 신문기자의 대화 내용이다. 그의 성격과 생활철학을 느낄
수 있는 부분이 있다.

"대통령께서는 불안하든가 마음이 초조할 때는 어떻게 마음을 가라앉히십
니까?"

"그럴 때면 휘파람을 붑니다."

기자가 좀 의외라는 듯 재차 물었다.

"그래요? 그렇지만 대통령께서 휘파람을 분다는 것은 금시초문인데요?"

그러자 루스벨트는 당연하다는 듯 이렇게 말했다.

"물론이죠, 나는 아직 휘파람을 부는 모습을 보인 적이 없으니까!"

Gandhi, Mohandas Karamchand 1869~1948

간디

인도의 민족운동 지도자·무
저항주의자. 부정과 침략, 민
족적 불평등에 대하여 철저한
비폭력 무저항주의에 의한 저
항으로 승리를 이끌어 세계사
에 길이 기억되고 있다.

폭력을 옹호했던 두 얼굴의 사나이

간디

❖ 혁명의 원동력 무저항주의

1999년 4월 18일 미국의 시사일간지 《뉴욕타임스》는
지난 1천년 간 최고의 혁명으로 영국 식민통치 하에
서 마하트마(Mahatma, 위대한 영혼) 간디가 이끈 인도의
비폭력 무저항운동을 선정하였다.

태풍은 폭력을 제압하는 데 모두 실패했다. 그러나
따뜻한 태양은 사나운 폭력의 외투를 벗겼다.

간디의 무저항주의는 폭력을 동반한 혁명보다도 더
파괴력이 있었다. 이 운동은 미국 흑인인권운동, 남
아공 인종차별 철폐운동, 중국 민주화운동의 사상적
기반이 되었다.

하지만 이 위대한 운동의 시발점은 아이러니컬하다.
무저항주의 운동은 간디가 '음란서적'을 읽다가 갑
자기 생각해냈다고 한다.

❖ 폭력을 옹호했던 젊은 시절

오늘날 간디는 '평화의 화신'이라고 불리고 있다. 하지만 그는 젊었을 때 그 누구보다도 힘의 논리를 앞세웠던 사람이었다. 물론 그의 색깔은 분명 평화주의였다. 하지만 때로는 폭력을 사용하는 것을 지지했다.

힌두교도와 이슬람교도가 싸움을 벌였을 때의 일이다. 한 힌두교 지도자가 이런 명령을 내렸다.

"우리 힌두교인이 한 명이라도 죽으면 그 몇 배의 보복으로 이슬람교도를 죽여라."

그때 간디는 그의 명령을 지지했다.

또한, 그는 1차 세계대전에 적극 참전하려고 자원했으나 참전하기 며칠 전 질병(결핵에 의한 심한 염증)에 걸렸기 때문에 포기해야 했다.

그는 완전한 평화주의자가 아니었다. 단지 힘은 없지만 많은 인구를 가진 인도의 장점을 잘 활용한 것뿐이다. 만약에 그가 좋은 무기를 가지고도 그렇게 할 수 있었을까?

❖ 젊은 여성들과의 잠자리

조선시대를 기록한 야사(野史)에 보면, 한 임금이 열 명의 젊은 궁녀들을 눕히고 그 위에서 잠을 잤다는 내용이 있다.

간디는 중년 이후에 젊은 여성들과 항상 같이 생활을 했고, 잠잘 때에도 젊은 여성들과 함께 벌거벗은 채로 잠자기를 좋아했다고 한다. 그는 자신의 의지를 시험하기 위해서 그렇게 했다고 변명했는데 과연 그랬을까? 어쨌든 간디가 성적으로 자유로워지려고 피나는 노력을 기울였던 것은 사실이다.

❖ 오한의 특효약

간디는 나이가 들수록 밤마다 '오한'으로 고생했다. 이때 그의 엽기적인 행동이 다시 등장한다.

그는 자신을 따르던 젊은 여성들에게 따뜻한 체온으로 자신의 몸을 따뜻하게 해주기를 부탁했다. 그러면 비서든 간호사든, 주위의 모든 여성들이 간디를 위해 헌신했다는 것이다.

❖ 엽기 아침인사

2천4백여 년 전 중국의 춘추전국시대, 월나라의 왕 구천이 오나라에 포로로 잡혔다. 구천은 오나라의 왕이 병에 걸리자 대변으로 모든 병을 알 수 있다며 그의 대변을 맛보았다는 이야기가 있다.

간디도 변에 대한 관심이 아주 특별했다. 그는 좋은 변을 위하여 식이요법은 물론 관장제를 사용하는 등 최선을 다했다고 한다. 또한, 그는 자신과 잘 알고 지내는 사람들을 만나면 아주 정중하게 이렇게 물었다.

"요즈음 변은 좋습니까?"

❖ 화장실에서 식사를

"화장실은 오히려 방보다도 더 깨끗해야 한다!"

간디는 화장실만큼은 아주 깨끗하고 청결하게 유지했다. 화장실에서 사람들과 대화를 나누거나 음식을 먹을 정도로 깨끗하게 유지해야 한다는 것이 그의 철학이었다.

❖ 가정을 버린 아버지

간디는 13세 때 결혼하여 아내와 정확하게 62년 동안 살았지만 진심으로 그녀를 사랑하지는 않은 것 같다. 그는 동갑내기 아내가 사회활동을 하는 것을 결코 허락하지 않았고 심지어 자신의 아들들을 교육시키는 것까지도 내켜하지 않았다.

또한 그의 가족 사랑은 최악이었다. 큰아들과는 항상 의견 충돌이 일어났고, 결국 그는 큰아들과 의절했다.

간디는 회고담에서 13살 어린 나이에 결혼했던 당시 상황을 이렇게 표현했다.

"나는 그때 놀이 상대로 처음 본 여자아이를 얻은 것이다."

❖ 생명의 근원에 대한 정의

간디는 정액의 배출을 극도로 자제했다. 그는 정액이란 '생명의 근원'이라고 생각했기 때문에 무절제한 정액의 배출은 몸과 머리를 약하게 만들고 만병의 근원이 된다고 믿었다.

그 역시 오래 살고 싶은 욕망을 가진 평범한 인간이었던 것 같다.

❖ 영국의 현대 의학은 NO

간디는 현대 과학이 급속도로 발전하는 데도 불구하고 항상 물레만을 고집한 민족주의자였다. 그리고 현대 의학의 뛰어난 점을 인정하긴 했지만 영국의 현대 의학은 혐오하였다.

그의 아내가 폐에 염증이 생겨 고통을 당하고 있을 때 영국인 의사가 항생제를 주사하면 치유가 가능하다고 설득했지만 간디는 거부했다. 그는 자기 민족을 억압하는 영국인의 치료를 거부했던 것이다.

그는 과연 아내를 사랑했을까?

❖ 두 얼굴의 사나이

영국을 혐오한 나머지 현대 의학을 거부하여 아내를 죽게 했던 위대한 민족
주의자 간디. 그러나 자신한테는 너무 관대했다. 아니 자신은 좀더 오래 살
고 싶었다. 자신은 인도의 지도자이기 때문에 자기 맘대로 죽을 수도 없는
너무 중요한 인물이라고 생각했던 것일까?

간디는 아내가 죽은 지 얼마 뒤에 학질을 심하게 앓았다. 그때 그는 그토록
혐오했던 영국인 의사에게 자신의 치료를 부탁했다. 또한, 장염에 걸렸을
때는 영국인 의사에게 수술까지 받았다.

그는 순간 순간의 상황에 따라 오락가락 하며 자신만의 잣대를 들이대는 두
얼굴의 사나이였다.

레닌

Lenin, Vladimir Ilich Ulyanov 1870~1924

❖ 수많은 가짜 이름

언제 어디서든지 자신의 신분을 떳떳이 밝힐 수 있는 자유를 레닌은 누리지 못했다.

레닌은 소련을 창건하기까지 자신의 진짜 이름을 밝히지 못하고 가명을 사용하였는데 이런 가명이 100개도 넘었다. 본명은 블라디미르 일리치 울리야노프이며, 공식명인 니콜라이 레닌은 1902년부터 사용한 필명이다.

❖ 잘못 고른 후계자

레닌의 생애에서 가장 큰 실수가 있다면 자신의 후계자로 스탈린을 세운 것이다. 그러나 너무 늦었다. 스탈린은 이미 당 서기장으로 모든 권력의 핵심부에 있었기 때문이다.

레닌

소비에트연방 및 볼셰비키당의 창설자. 마르크스주의를 '제국주의와 프롤레타리아혁명 시대'에 적용, 발전시킴으로써 국제 프롤레타리아의 '새로운 타입'의 혁명적 이론과 실천의 체계인 레닌주의를 건설했다.

레닌은 동지들에게 스탈린을 정권에서 몰아낼 것을 수차례 충고했지만 받아들여지지 않았을 뿐만 아니라 오히려 그로부터 1년 후 갑자기 죽음을 맞았다. 그의 동지들은 입을 모아 레닌의 갑작스런 죽음 뒤에는 스탈린의 배후조작이 있었다고 주장했다.

✜ 베일에 쌓인 죽음

레닌의 죽음에 관한 공식적인 기록은 중풍에 의한 마비로 기록되어 있다. 그러나 영원한 비밀은 없는 법. 그의 죽음을 둘러싼 지난 80년 동안의 베일이 하나씩 열리기 시작했다. 그의 죽음은 중풍에 의한 것도 아니요, 스탈린의 독살에 의한 것도 아니었다.

그는 망명 중에 매독에 걸렸는데 그것이 정신질환으로 퍼졌고, 그로 인한 합병증으로 죽었다. 레닌의 사인(死因)은 매독이었다.

✜ 유형지에서의 결혼

성공이 진정한 성공이 되기 위해서는 고난의 골짜기를 통과해야 한다.

1897년 레닌은 반혁명주의자로 체포되었고 시베리아 강제 노동수용소로 보내졌다.

그 다음해인 1898년 레닌의 약혼녀도 같은 혐의로 체포되었다. 그때 그녀는 정부에 자신의 약혼자가 있는 시베리아로 보내달라고 요청하였다. 정부는 그녀의 요청을 들어주었고 레닌과 유형지에서의 결혼도 허락했다. 그 해 7월 22일 두 사람은 시베리아에서 결혼식을 올렸다.

❖ 영원한 잉꼬부부

시베리아에서 사랑을 이룬 부부는 일생토록 변함없는 사랑을 나눴다.

레닌은 혁명으로 인해 수많은 생사의 레일을 달렸지만 그의 아내는 그러한 모든 상황을 기쁨으로 감당했다. 그녀는 레닌의 아내였을 뿐 아니라 그의 비서였고, 때로는 당 간부까지 겸했다.

그들은 죽을 때까지 영원한 잉꼬부부였다.

Churchill, Winston Leonard Spencer 1874~1965

웃음의 패러독스를 이용한 정치인
처칠

❖ 화가의 완패

처칠 수상이 미술전의 심사위원으로 위촉된 것을 못
마땅하게 생각한 어떤 화가가 처칠에게 따져 물었다.
"그림과는 전혀 관계도 없는 당신이 유명인이라는 이
유로 심사를 하는데 어떻게 된 겁니까?"
그러자 처칠이 이렇게 대답했다.
"그게 아니지요! 나는 계란을 한 번도 낳아본 적이 없지
만 계란이 상했는지 신선한지는 금방 알 수 있거든요."

❖ 독을 넣은 커피는 어떻게 할까

처칠의 입담은 아무도 못 말렸다. 어느 날 한 자작부
인이 수상답지 않게 품위가 없고 짓궂은 그에게 유머
를 섞어서 공격을 해왔다.
"당신이 만약 내 남편이었다면 나는 분명히 당신의

처칠

영국의 정치가. 2차대전이 발
발하자 연합군의 수뇌부로 활
동하여 승리를 이끌었다.
1940년 수상에 취임했다.
1945년 총선거에 패배하여 사
임, 1955년 다시 수상에 취임
했다가 은퇴하였다. 1953년
노벨문학상을 받았다.

커피에 독을 넣었을 거예요."

그러자 처칠은 아주 심각하게 대답했다.

"그래요? 만약 당신이 내 아내라면 나는 주저하지 않고 그것을 마셔 버릴 거요."

❖ 가슴살 유머

처칠이 뉴욕을 방문했을 때 한 귀부인이 그에게 식사를 대접하였다. 식탁에 차려진 먹음직스러운 닭고기를 보고 처칠이 말했다.

"부인! 난 가슴(breast)살을 좋아하니 그 부분을 좀 주십시오."

그러자 귀부인이 웃으며 말했다.

"어머, 우리 뉴욕에서는 그 부위를 '가슴'이라고 하지 않고 '흰고기(white meat)'라고 한답니다. 자 드릴게요!"

다음날 연회장에서 처칠은 어제 식사를 대접한 귀부인 앞에 감사의 표시로 카네이션과 쪽지를 보냈다. 거기에는 이렇게 씌어 있었다.

"부인 어제 식사는 고마웠습니다. 이 카네이션을 당신의 '흰고기' 위에 달아주시면 감사하겠습니다."

❖ 모두 잃었구나!

1922년 총선거가 있을 때 처칠은 급성 맹장으로 병원에 입원해 있었다. 그무렵 처칠이 속해 있던 자유당은 마치 사공을 잃은 배처럼 갈피를 못 잡고 있었고 결국 선거에서 참패하고 말았다. 그 소식을 접한 처칠은 이렇게 한탄했다.

"나는 국회 의석도 잃었는데 맹장까지 잃었구나!"

❖ 국민에게 해고를 당하다

처칠이 1945년 선거에 패하자 당시 국왕이었던 조지 6세는 그 동안 처칠의 노고를 치하하는 의미에서 최고의 훈위(Order of the Garter)를 제의했다.

그러자 처칠은 정색을 하며 거부하였다.

"안 되지요! 방금 국민에게 해고를 당했는데 어찌 국왕에게 훈위를 받는단 말입니까?"

❖ 정장과 알몸의 한판승부

어느 누구도 처칠만큼 임기응변이 강하지는 않을 것이다.

그가 미국의 원조를 받기 위해 루스벨트 대통령을 만나러 미국에 간 적이 있었다. 한 호텔에서 휴식을 취하는 동안 그는 늘 하던 대로 피로를 풀기 위해 목욕을 했고, 목욕 후 수건만 두른 채 거실에 앉아 있었다. 그때 갑자기 루스벨트 대통령이 방으로 들어왔다. 순간 놀라서 일어서다가 처칠의 몸을 가렸던 수건이 떨어졌다. 처칠은 빙그레 웃으면서 루스벨트에게 멋지게 한 마디했다.

"자, 보시다시피 이제 영국 수상은 미국 대통령에게 숨길 것이라곤 아무 것도 없습니다."

❖ 웃음을 잃지 마라

처칠은 어떠한 상황 속에서도 웃음을 잃지 말 것을 강조했다.

"좀 웃으시오, 그리고 부하들에게도 웃음을 가르치시오. 웃을 줄 모른다면 최소한 빙글거리기라도 하시오. 만일 빙글거리지도 못한다면 그럴 수 있을 때까지 구석으로 물러나 있으시오."

이 말은 처칠이 1차 세계대전 때 포탄이 떨어지는 전장의 참호 속에서 부하 장교들에게 했던 말이다.

❖ 국유화 논쟁

처칠이 야당의원으로 있을 때 여야는 국유화에 대하여 거친 설전을 벌이고 있었다. 이윽고 쉬는 시간에 처칠이 화장실에 갔는데 화장실은 만원이었고 빈자리가 딱 하나 남아 있었다. 바로 수상인 애틀리의 옆자리였다. 그러나 처칠은 볼일을 보지 않고 다른 자리가 날 때까지 기다렸고 그것을 본 수상이 의아해하며 물었다.

"제 옆에 자리가 있는데 왜 안 오시죠? 저한테 뭐 불쾌한 일이라도 있습니까?"

처칠은 기다렸다는 듯이 대답했다.

"수상 옆에 가려니까 괜히 겁이 납니다. 수상은 뭐든지 큼직한 것만 보면 국유화를 하자고 주장하는데, 혹시 제 물건을 보고 국유화하자고 달려들면 큰일 아닙니까?"

❖ 연설장에서의 인기

처칠의 인기는 영국은 물론이고 미국에서도 엄청났는데 그가 연설을 하는 장소에는 사람들이 구름처럼 모여들었다. 어느 날 미국 방문 연설을 막 마친 처칠에게 한 귀부인이 다가와 물었다.

"정말 대단한 인기네요! 연설을 할 때마다 이토록 많은 사람들이 모인다는 것은 정말 짜릿한 일이네요!"

그러자 처칠이 의미심장한 표정으로 대답했다.

"기분 나쁜 일은 아니지요! 하지만 만일 내가 교수형을 당하게 된다면 내가 연설할 때보다 몇 배 더 많은 군중들이 몰려들 것이라는 사실을 나는 늘 기억하고 있습니다."

⁂ 시거를 문 불독

처칠의 비서가 조간신문을 보더니 갑자기 흥분하기 시작했다. 한 신문의 〈정치만평〉에서 처칠을 '시거를 문 불독' 으로 묘사했기 때문이었다. 비서들은 너나할것없이 야단법석을 떨며 신문사에 항의해야 한다는 등 비난을 퍼부었는데, 의외로 당사자인 처칠은 평상시처럼 시거를 입에 물고 그 만평을 자세히 쳐다보며 미소를 짓는 것이 아닌가.

"이 방 벽에 걸린 사진보다 이 그림이 나를 더 잘 표현했어! 어쩌면 이렇게 잘 그렸을까. 이봐, 당장 저 사진을 떼어 내고 이 만평을 크게 확대해서 붙여 놓게!"

⁂ 창시자 논쟁

처칠과 동료 의원들 간에 경쟁자인 노동당의 진정한 창시자가 누구냐를 놓고 언쟁이 벌어졌다. 듣고 있던 입담의 천재 처칠은 '콜럼버스' 라는 답을 내놓았다. 동료들이 의아해하며 그 이유를 묻자 그는 이렇게 대답했다.

"콜럼버스는 땡전 한 푼 없이 남의 돈으로 항해를 시작했고, 출발할 때도 자기가 가야 할 목적지가 어디인지조차 정확히 알지 못했네. 또한, 육지에 도착한 다음에도 그곳이 어딘지 전혀 알지 못했네. 어떤가, 노동당과 똑같지 않은가!"

❖ 정치인에게 필요한 능력

노련한 정치인 처칠의 은퇴를 얼마 앞두고, 그에게 한 정치 지망생이 '정치인에게 필요한 능력'이 무엇이냐고 물었다. 처칠은 아무 주저없이 이렇게 대답했다.

"정치인에게 필요한 능력은 두 가지라네. 첫째는 앞날에 무슨 일이 일어날 것인지 예측할 수 있는 능력이고, 둘째는 그런 일이 일어나지 않았을 때 그 이유를 정확히 설명할 수 있는 능력이네. 이 두 가지 능력만 있으면 크게 성공할 걸세!"

Roosevelt, Franklin Delano 1882~1945

두려움을 모르는 대통령

F. 루스벨트

❖ 소아마비 대통령

프랭클린 루스벨트는 1921년 39세의 나이에 소아마
비로 절뚝거리게 되었다. 그러나 그는 시련에 굴복하
지 않고 대통령이 되어 세계 대공황에서 미국을 최강
국으로 끌어올리는 발판을 만들어 놓았다.

그는 1933년에 대통령에 당선되어 4선의 영광을 누
리며 모두 12년 간 미합중국의 대통령으로서 책임과
의무를 다했다.

❖ 어머니의 걱정

세상의 모든 어머니들에게 자식 걱정은 끝이 없나보다.
프랭클린 루스벨트의 어머니는 80이 넘어서도 대통령
인 아들이 외출을 할 때면 항상 똑같은 말을 되풀이했
다고 한다.

F. 루스벨트

미국의 제32~35대 대통령(재
임 1933~1945). 뉴욕주 하이
드파크에서 출생. 1932년 대
공황으로 허덕이는 국민들에
게 '뉴딜(New Deal)' 정책을
선언, 압도적인 표를 얻어 대
통령에 당선되었다. 그는 4선
까지 연임되었다.

"애야, 꼭 옷을 든든히 입고 나가야 한다."

❖ 변호사 시절

루스벨트가 변호사 시절에 어떤 사건을 맡았는데 상대방의 변호사는 상당한 웅변가였다. 재판이 시작되자 그 변호사는 수많은 사례를 들어가며 2시간이 넘도록 변호를 하였다. 판사는 물론 배심원들까지 지루해서 나중에는 그의 변호를 제대로 듣지 않았다.

루스벨트는 자신의 시간이 되자 간단하게 변론했다.

"존경하는 판사님, 그리고 배심원 여러분, 지금까지 오랜 시간 상대방 변호사님의 멋진 변론을 들으셨습니다. 그런데 이 사건의 진실보다 그가 지금까지 한 말을 더 믿으신다면 여러분은 그의 편을 들어주십시오."

잠시 후 배심원들은 아주 당연하게 모두 루스벨트의 손을 들어주었다.

❖ 두려움은 없다

1933년 3월 4일 루스벨트는 대통령 취임 연설에서 다음과 같은 명언을 남겼다.

"우리들이 가장 두려워할 유일한 것이 있다면, 바로 두려워하는 마음 그 자체입니다!"

이 말은 그 후에도 미국이 곤경에 처할 때마다 자주 인용되었다.

자신의 말처럼 39세에 소아마비로 절뚝거리게 된 시련의 주인공은 마침내 대통령이 되어 미국을 수렁에서 건져낸 영웅이 되었다. 어떠한 시련이 닥쳐도 그에게 두려움은 없었다.

Rommel, Erwin Johannes Eugen 1891~1944

추락한 사막의 여우
롬멜

❖ 승리 아니면 죽음

'사막의 여우(the Desert Fox)' 롬멜. 그는 히틀러와 독
일을 위해 충성을 다했다.

그러나 이집트와의 싸움에서 처음으로 패배한 후 지
병으로 인해 지친 몸을 이끌고 유럽으로 돌아온 그에
게 히틀러는 잔인하게 한 마디를 던졌다.

"롬멜, 그대가 이 독일을 위해서 할 수 있는 것은 오직
승리뿐이오! 승리 아니면 죽음! 당신에겐 그 이외의
것은 없소!"

❖ 히틀러를 암살하라!

히틀러는 잔인했다. 자신에게 충성을 다하는 부하들을
자신의 야욕을 채우기 위한 도구로만 이용할 뿐이었다.

히틀러가 현실을 무시한 지령을 남발하여 패전을 거

롬멜

독일의 군인. 제2차대전이 발
발하자 전차사단장으로서 서
부 전선에서 프랑스군을 무찌
르는 등 맹활약을 펼쳤다.
1944년 히틀러 암살 계획이
실패하자 히틀러의 명령으로
자살했다.

듭하게 되자 과거에 그를 돕던 장군들과 보수제정파의 정치가들이 반란을
기도하였다. 1944년 독일 방위군 총사령관으로 작전지휘 중 부상을 당하여
병원에서 요양하던 중에 롬멜도 히틀러 암살사건에 가담하였다.

❖ 돌이킬 수 없는 패배

치밀한 작전가인 롬멜은 어느 날 자신이 평생을 승리자로 쌓아놓은 성공의
탑을 한 순간에 무너트리는 큰 실수를 범했다.

1944년 6월 5일 밤, 연합군은 롬멜의 휴가 소식을 듣기나 한 것처럼 대대적
인 규모로 독일군에게 공격을 가해왔다. 이때 롬멜은 노르망디 최고사령관
으로서 "내 직감에는 시기적으로 적의 공격은 없을 것이다!"라는 말을 남기
고 휴가를 떠났다.

상황 판단을 잘못한 롬멜의 실수로 독일은 치명타를 입고 패전의 나락으로
떨어지기 시작했다.

❖ 청산가리에 의한 죽음

롬멜은 1944년 10월 14일 전투 중 연합군 비행기의 폭격으로 전사한 것으
로 기록되었다.

하지만 그가 히틀러의 명령에 의해 자살했다는 것이 정설이다. 히틀러가 그
의 자살을 강요하며 청산가리를 보냈고 그는 두말없이 그것을 마시고 죽었
다는 것이다. 롬멜이 히틀러 암살사건에 가담했다는 것이 이유였다.

그러나 히틀러는 그의 장례식을 아주 성대하게 국장으로 치렀다.

Edward Ⅷ 1894~1972

에드워드 8세

❖ 하필이면 이혼녀라니!

1936년 1월 20일 부왕 에드워드 7세의 사망으로 41세의 독신이었던 에드워드 8세가 영국의 국왕에 올랐다.

전 세계의 관심은 이제 그가 어떤 여성과 결혼할 것인가에 쏠리게 되었는데, 드디어 이 백마의 기사를 사로잡은 여성이 나타났다.

하지만 그의 선택은 왕실은 물론이고 국교회, 의회, 그리고 대부분의 국민들에게 극심한 반대를 받았다. 왜냐하면 그녀는 미국 출신에다가 이혼 경력을 가진, 영국의 왕비가 되기에는 전혀 어울리지 않는 여성이었기 때문이었다.

심프슨 부인은 남자 관계가 복잡했던 여성으로, 에드워드 8세를 만났을 때 이미 두 번째 남편과 결혼해 있

에드워드 8세

영국의 왕(재위 1936년 1월~12월). 조지 5세의 장남. 사랑을 위해 왕관을 버려 영국 왕실에 파란을 일으켰다. 퇴위 후에는 윈저공이라고 불렸다.

는 상태였다. 하지만 그럴수록 에드워드 국왕의 사랑은 깊어만 갔다.

✤ 사랑이냐 왕관이냐?

시간이 지날수록 두 사람의 결혼을 반대하는 목소리가 극에 달했고, 당시 수상이었던 볼드윈은 국왕에게 심프슨 부인을 포기할 것을 설득했다.

그 당시 영국사회에서 이혼은 가장 큰 허물이었다. 간통죄를 범한 사람과 같이 있는 것은 괜찮았지만 이혼한 사람(특히 여성)에게는 극단적인 차별이 뒤따랐다.

종교지도자들까지도 식사 때 이혼한 여성 옆에는 앉지 말라고 할 정도였다. 하물며 국왕이 이혼한 여성과 결혼을 한다고 했으니 그보다 더한 충격은 없었다. 이제 국왕은 햄릿이 되어야 했다.

"사랑을 택할 것이냐? 왕관을 택할 것이냐?"

✤ 왕위를 버린 시대의 풍파맨

영국 왕실과 국민들의 예상을 깨고 에드워드 8세는 사랑을 선택했다.

그는 1936년 12월 10일 라디오 방송을 통하여 퇴위를 선언했다.

"사랑하는 여성 없이는 국왕으로서의 의무를 다할 수 없다!"

왕위를 내놓은 후 윈저공(Duke of Windsor)이 된 에드워드 8세는 이듬해 6월 3일 영국 왕실과 국민들의 외면을 받으며 쓸쓸한 결혼식을 올렸다.

✤ 노스트라다무스의 예언

아버지 조지 5세는 장남인 에드워드를 후계자로 세우면서도 불안해했다.

그는 죽음을 앞두고 다음과 같은 말을 남겼다.

"에드워드는 1년도 못 가서 파멸할 것이다!"

또한, 왕위까지 버린 이 세기의 스캔들을, 프랑스의 점성가 노스트라다무스는 이미 400년 전에 예언했다.

✤ 히틀러의 팬

에드워드 8세는 히틀러의 팬이었다. 영국이 2차 대전에서 독일의 공격을 받고 있는 중에도 그는 히틀러의 독일을 좋아했다.

1940년 에드워드는 이렇게 공언했다.

"세계 역사상 히틀러만큼 위대한 사람은 없다. 이렇게 훌륭한 지도자를 갖고 있는 독일은 축복을 받은 것이다. 그리고 분명히 말하지만 히틀러는 천하무적이기 때문에 영국이 히틀러와 싸우는 것은 어리석은 짓이 될 것이다."

✤ 현명한 선택

에드워드 8세가 왕관을 버린 사건을 두고 어떤 사람들은 20세기의 비극이라고 말한다. 하지만 꼭 그렇지만은 않다.

에드워드는 영국의 국왕에 어울리지 않는 사람이었다. 그는 애초부터 왕위에 심한 거부감을 느꼈다. 개관식에 참석하기를 꺼려했고, 대외정치는 물론 내각으로부터 전달되는 서류를 읽는 것조차 부담스러워했다. 그는 평범한 사람으로 살기를 원했다.

그의 선택은 영국을 위해서나 자기 자신을 위해서나 현명한 처신이었다. 그는 평범한 생활 속에서 남편의 역할을 훌륭히 해냈다. 그는 78세가 되도록 건강하게 장수를 누렸고, 심프슨 부인과 행복한 결혼생활을 이어갔다.

만일 그가 왕관을 계속 쓰고 있었다면 영국의 역사는 어떻게 변했을까?

Kennedy, John Fitzgerald 1917~1963

무질서한 밤의 대통령

케네디

❖ 가장 젊은 대통령

케네디 대통령의 당선은 미국뿐 아니라 세계의 정치
사에서도 의미하는 바가 컸다.

그는 그때까지의 미국 대통령 중 가장 젊은 나이로 선
출되었고, 개신교의 나라에서 카톨릭 교도로서는 처
음으로 미국의 대통령에 당선되어 파장을 일으켰다.

❖ 무질서한 밤의 대통령

케네디는 비밀 파티를 즐겼다. 아내 재클린의 외출
일정에 맞추어 그는 여비서, 영화배우, 가수 등을 불
러들여 상상을 초월한 밀월을 즐겼던 20세기 밤의 대
통령이었다. 케네디는 스캔들의 주인공답게 아주 뛰
어난 외모를 가지고 있었기 때문에 모든 여성들에게
동경의 대상이 되었다.

케네디

미국의 제35대 대통령(재임
1961~1963). 의욕적이고 용
기 있는 정책을 추진한 미국의
온건한 진보파 정치인으로서
신망이 높았으나 불행히도 암
살되었다.

63

❖ 지나친 욕망의 화신

케네디와 지속적으로 깊은 관계를 가졌던 한 여성은 이렇게 증언했다.

"저는 그에게 사람으로 취급받지 못했어요. 그저 단순한 성욕의 대상이었지요. 언제나 이겨야 하고 즐겨야 하듯, 그에게 있어서 여자는 노리개에 불과했습니다."

케네디의 걸프랜드를 관리하던 한 친구는 이렇게 고백했다.

"나는 그렇게 강한 남성은 처음 보았다. 그는 상대가 유부녀든 처녀든, 친구의 동생이든 가리지 않았다. 한꺼번에 두 여자와 관계를 맺는 것이 그의 큰 즐거움이었다."

케네디 스스로도 친구들에게 이런 말을 한 적도 있었다.

"내가 너무 센가? 나는 한 여자에게 다양한 체위로 공격을 해도 만족을 느끼지 못할 때가 종종 있지. 나는 잠시라도 여자를 멀리하면 머리가 아파!"

❖ 퍼스트레이디 재키의 재치

대통령의 아내는 남편의 바람기를 어떻게 대처해야 할까?

케네디의 아내 재클린은 남편의 불륜을 모른 척했다. 한번은 침대 속에서 여성팬티를 발견했는데 그녀는 그 팬티를 들고 아주 여유 있게 케네디에게 이렇게 말했다.

"여보, 이건 내 사이즈하고 틀린 것 같은데요! 혹시 누구건지 알아봐 주실래요?"

❖ 비극의 주인공은 싫어

케네디가 비록 여자들은 많이 밝혔지만 탁월한 카리스마를 발휘하여 미합중국의 지도자로서 의무를 충실히 해냈다. 여자들은 좋아했지만 완전히 빠져들지는 않았다는 것이다. 그는 종종 이런 말을 했다.

"나는 비극의 주인공으로 어울리지 않아!"

그러한 다짐에도 불구하고 그는 비극적인 운명의 노예가 되어야 했다.

❖ 저주받은 케네디 가(家)

케네디 집안은 과연 저주받은 사람들인가? 케네디 대통령 일가의 불행한 가족사를 살펴보자.

- 1941년 장녀 로즈메리(케네디 대통령의 누나)가 정신이상이 되었다.
- 1944년 장남 조셉 패트릭(케네디 대통령의 형)이 영불 해협 상공을 비행하다가 공중 폭발을 일으켜 기체와 더불어 날아가 버렸고, 그 일이 있은 다음달에는 차녀 캐서린의 남편이 전사했다.
- 1948년 차녀 캐서린이 여행 중 비행기 추락사고로 사망했다.
- 1956년 3남 로버트(케네디 대통령의 동생)의 아내 에셀 부인의 양친이 추락사했다.
- 1961년 아버지 조셉 케네디가 뇌일혈로 전신 불수가 되었다.
- 1963년 케네디 대통령의 아들 패트릭이 폐렴으로 급사했다.
- 1963년 11월 케네디 대통령 자신도 댈러스에서 암살당했다.
- 1964년 4남 에드워드(케네디 대통령의 동생) 상원의원이 탄 비행기가 사과 과수원에 추락하여 동승자 2명은 사망했지만 그는 기적적으로 살아났다.
- 1966년 3남 로버트 사법장관 아내 에셀의 오빠가 비행기사고로 사망했다.
- 1967년 이어서 로버트의 아내 에셀은 고기가 목에 걸려 급사했다.
- 1968년 로버트마저 로스앤젤레스에서 암살당했다.
- 1969년 4남 에드워드의 운전 잘못으로 동승한 여자가 물에 빠져 죽었다.

이처럼 25년 동안 케네디 집안에 일어난 연속적인 불행한 사건들을 단순한 우연이라고 할 수 있을까? 10명이 변사했고, 그것도 장남이나 장녀부터 차녀로, 차례로 죽은 것이다. 그 후 불행한 일들이 진정된 듯했지만 케네디 집안의 불행은 여기서 끝나지 않았다.

1982년 대통령을 꿈꾸던 에드워드 상원의원은 파리의 한 호텔에서 애인과 함께 나오는 장면이 사진으로 찍혀 매스컴에 보도되는 바람에 1984년 대통령 선거 출마를 포기해야 했고, 부인과의 이혼도 피할 수 없게 되었다.

레이건

Reagan, Ronald Wilson 1911~현재

❖ 춤추는 대통령

호텔의 룸에서 정신없이 몸을 흔들어 대고 춤 실력으로 무대를 휩쓸고 지나가는 레이건. 그의 천부적인 춤 솜씨와 끼는 놀라웠다. 이때가 1954년으로, 연봉 12만 달러에 방송 드라마 해설자로 계약을 맺은 것도 바로 이 해였다.

그는 무명의 댄서로 출발했다. 그 후 레이건은 영화 배우로 활동하면서 50편 이상의 영화에 출연하였다.

❖ 대통령의 전직은 누드모델

레이건은 누드모델 출신의 대통령이었다! 한국적 풍토에서 도저히 이해할 수 없는 미국 대통령의 모습이다. 포드 대통령과 함께 누드모델로 명성을 날린 레이건 대통령의 알몸은 과연 어떠했을까?

레이건

미국의 제40~41대 대통령(재임 1981~1989). 유레카 대학 경제학과를 졸업한 후, 아나운서 · 스포츠 해설자 · 배우 및 영화배우 협회장을 역임하였으며 69세 때인 1981년 미국 역사상 최고령 대통령으로 취임하였다.

❖ 대통령의 얼굴형은 따로 있다?

사실 누가 보든지 레이건의 얼굴형은 상당히 코믹하게 보인다. 그의 마스크는 대통령의 얼굴로 썩 어울리지 않는 것이 분명하다.

1965년 레이건이 영화배우 시절, 한 영화에서 대통령 역으로 레이건이 물망에 올랐다. 하지만 그 영화의 감독이 레이건을 보자마자 그만 캐스팅에서 탈락시켜 버렸다. 이유는 간단했다.

"그는 대통령의 얼굴로는 도저히 어울리지 않아!"

훗날 레이건이 대통령에 당선이 되었을 때 그 영화감독의 얼굴 표정이 어땠을까?

❖ 경제 상황을 판단하는 기준

익살스런 얼굴의 레이건이, 1980년 대통령 선거에서 재선을 노리는 경쟁자 카터를 향해 내뱉은 명연설이 있다.

"현재 미국의 경제 상황을 판단하는 기준이 세 가지가 있다. 첫째, 경기침체(recession)는 이웃 사람이 실직했을 때이고 둘째, 경기불황(depression)은 내가 실직했을 때이다. 그리고 셋째, 경기회복(recovere)은 카터가 물러났을 때이다!"

❖ 레이건의 에드립

레이건이 재임 중에 귀찮게 쫓아다니는 기자들에게 'Son of Bitch!(개새끼)'라고 조그맣게 중얼거렸는데 기자들이 그 소리를 듣고 말았다.

화가 난 기자들은 얼마 후 그에게 'SOB'라는 글자가 큼직하게 새겨져 있는 티셔츠를 선물했다. 물론 이것은 대통령의 욕설에 대한 기자들의 복수였다.

그러나 레이건은 기다렸다는 듯이 빙그레 웃으며 이렇게 응수했다.

"SOB라……, 이건 당연히 'Saving of Budget(예산 절약)'이라는 뜻이겠지요? 잘 알겠어요! 여러분의 나라 사랑하는 마음을 늘 염두에 두고 열심히 일하겠습니다."

무지막지한 독재자들

Alexander, The Great B.C. 356~323

알렉산더 대왕

알렉산더 대왕

마케도니아의 왕(재위 B.C. 336~323). 어려서부터 전쟁에 참가, 각지에서 공적을 세웠다. 33세의 짧은 생애에 그가 정복한 영토의 크기, 성격, 치적 등 모든 면에서 최대의 영웅으로서 손색이 없었다.

❖ 철학자와 정복자의 만남

알렉산더는 그리스의 위대한 철학자 아리스토텔레스에게 14세부터 교육을 받았다. 아리스토텔레스는 마케도니아 수도인 펠라의 궁정에 초빙되어 3년 동안 그에게 윤리학·철학·문학·정치학 등을 가르쳤다. 그와의 공부가 알렉산더에게 얼마나 도움이 되었는지는 모르겠지만, 한 가지 확실한 것은 아리스토텔레스는 교사로서는 실패했다는 것이다. 위대한 철학자의 제자가 역사상 최고의 살인자가 되었으니 말이다.

❖ 최고의 해저 탐험가

알렉산더는 어릴 적부터 항상 새로운 것을 많이 시도했는데 23세 때인 황태자 시절에는 유리로 만든 기구를 타고 바다를 즐긴 모험가이기도 했다.

❖ 공개적으로 죽이는 학살자

알렉산더는 왕이 된 후 사람을 죽일 때 항상 당당하게 공개적으로 죽였다. 그는 무엇이든 마음에 담고 있는 성격이 아니어서 누군가를 죽이고 싶을 때는 즉시 행동에 옮겼다. 그에게 있어서 인권이라는 것은 전혀 존재하지 않았다.

그는 역사상 어느 누구도 따라오지 못할 정도로 많은 사람을 살해했는데 10세가 되기도 전에 자신의 가정교사를 죽이기도 했다. 또한, 자신의 왕위에 걸림돌이 되는 경쟁자가 있으면 어느 누구도 가리지 않았다. 심지어 아버지의 죽음조차 사주했다는 의심을 받았다.

알렉산더의 군대는 단 한 번의 전투에서 10만이 넘는 페르시아인을 살해했다. 그의 군대는 이런 대전투를 수없이 많이 수행해 나갔다.

그의 단명은 살인자에 대한 역사의 심판이 아닐까?

❖ 이름 값을 하라

전쟁이 한참 진행되는 중에 한 병사가 전쟁터에서 도망을 쳐 왔다. 그런데 불행히도 그 병사의 이름은 '알렉산더'였다.

이 사실을 알게 된 알렉산더 대왕은 큰 소리로 호통을 쳤다.

"네 이름을 바꿔라! 그렇지 않으면 당장 그 이름 값을 해라!"

❖ 영원한 후회

이미 지나버린 시간과 엎질러진 물처럼 과녁을 향해 쏘아버린 화살은 다시 되돌릴 수 없다.

알렉산더의 절친한 친구였던 클레이토스는 연회석에서 술에 취해 알렉산더를 향해 폭언을 했다. 그러자 알렉산더는 주저 없이 자신의 죽마고우에게 창을 던졌고 그는 그 자리에서 즉사하였다.

그러나 다음날 친구를 살해한 죄책감 때문에 알렉산더는 며칠 동안을 앓아누웠다. 그는 순간의 흥분으로 전쟁터에서 자신의 목숨을 구해준 소중한 친구를 잃어버리고 말았다.

❖ 무덤 밖으로 나온 손

알렉산더 대왕은 자신의 죽음이 다가옴을 알고 신하들에게 이런 유언을 남겼다.

"내가 죽거든 땅 속에 묻을 때 손을 밖으로 내놓아 지나가는 모든 사람에게 보이도록 하여라!"

어리둥절해 하는 신하들에게 알렉산더는 그 이유를 말했다.

"천하를 손에 넣었던 이 알렉산더도 죽을 때는 빈손으로 간다는 것을 사람들에게 보여주고 싶을 뿐이다."

❖ 강한 자가 후계자다

알렉산더 대왕이 심한 고열로 사경을 헤매고 있을 때 후계자 문제로 한 신하가 왕 앞에 엎드려 아뢰었다.

"폐하! 후계자로 누구를 삼아야 하나이까?"

그러자 알렉산더는 단호하게 말했다.

"그야 당연히 제일 강한 자에게 맡겨야지!"

❖ 알렉산더 대왕의 죽음 이후

천하를 지배했던 알렉산더 대왕에게도 죽음은 찾아왔다. 그러나 그것은 알렉산더만의 죽음을 의미하는 게 아니었다. 그의 죽음과 함께 대제국의 모든 권력 또한 잠들어 버렸다.

알렉산더 대왕이 죽자 그의 이복동생인 아이다오스가 즉위하였다. 그러나 얼마 못 가서 아이다오스는 물론 왕비, 친척 등 알렉산더 대왕과 관계가 있었던 인물들은 모두 자객의 칼에 살해되었다. 그리고 마치 기다렸다는 듯이 그의 나라도 마케도니아, 시리아, 이집트의 세 나라로 갈라지고 말았다.

역사는 더 이상 그의 편에 서지 않았다.

始皇帝 B.C. 259~210

살아서는 아방궁에서, 죽어서는 지하궁전에서

시황제

시황제

중국 최초의 중앙집권적 통일 제국인 진(秦)나라를 건설한 전제군주(재위 B.C. 246~210). B.C. 230~221년에 한(韓)·위(魏)·초(楚)·연(燕)·조(趙)·제(齊) 나라를 차례로 멸망시키고 천하통일의 위업을 달성하였다. 통일 후 스스로 시황제라 칭하고 강력한 중앙집권정책을 추진하였다.

❖ 아방궁을 지은 정력가

시황제는 배포가 큰 사람이었던 것 같다. 그는 대규모 공사를 일으켜 아방궁(阿房宮)을 지었는데 그 건물에는 방이 무려 1만 개나 되었다.

그는 그 궁궐에서 13,000명이 넘는 아내를 거느렸던 대단한 정력가였다.

❖ 그 아버지에 그 아들

시황제는 자신이 죽으면 모든 가족들을 함께 묻어 달라고 했지만 그 말은 지켜지지 않았다. 그는 미래를 준비하지 못했다.

그에게는 10명이 넘는 아들이 있었지만 후계자를 정하지 않았고, 그래서 맏아들은 자기가 황제가 되기 위해서 동생들과 누이들을 모조리 죽였다.

❖ 중국의 기초를 세우다

시황제는 훌륭한 업적을 많이 남긴 황제였다.

그는 중국을 통일한 후 도량형(度量衡)의 단위, 문자의 서체 그리고 화폐의 단위도 통일하였다. 또한, 전국을 36군으로 나누고, 각 군에는 황제의 측근을 파견하여 중앙집권체제를 만들었다.

시황제가 시작한 지방행정조직은 청나라가 일본에 의해 망할 때까지 2천년 가까이 지속되었다. 현재의 중국은 시황제의 기초에 의하여 세워졌다고 해도 과언이 아닐 것이다.

❖ 만리장성의 역사

시황제가 축조했다고 전해지는 만리장성의 길이는 무려 2,400km나 된다.

그러나 이 만리장성은 시황제가 처음으로 만든 것이 아니다. 만리장성은 시황제 이전의 나라들이 흉노의 침입에 대비하여 제각기 소규모로 쌓기 시작했던 것으로, 시황제가 보강하여 연결했을 뿐이다.

이렇게 오랜 시간에 걸쳐 축조된 만리장성. 그 성을 지키는 사람들은 그곳에서 태어나서 자랐으며, 그곳에서 결혼을 했고, 그곳에서 죽었다.

❖ 땅 속의 비밀 궁전

도대체 시황제는 누구에게서 무엇을 지키고 싶었을까?

시황제는 자신의 사후를 위해 거대한 무덤을 만들었고, 그 속에다 지하궁전을 지었다. 그리고 그곳에 우리로서는 상상하지 못할 재물을 숨겨놓았고 도둑의 침입을 방지하기 위하여 자동으로 발사되는 화살 장치까지 만들었다.

그는 13세의 어린 소년으로 황제에 즉위했고 곧바로 자신의 무덤을 쌓는 거대한 공사를 시작하여 50세에 세상을 떠났다.

❖ 불쌍한 기술자들

시황제의 아들은 무덤에 대한 비밀을 지키기 위하여 무덤의 내부를 장식했던 기술자들을 무덤 안에 가두어 모두 죽였다. 특히, 최종작업에 참석한 사람들은 모두 이유도 모른 채 살해되어 비참한 최후를 맞아야만 했다. 이 비밀 무덤의 완성을 위하여 동원된 인부들은 약 17만 명에 달했다고 하는데 그들 모두가 살해되었는지는 알 수 없다.

이렇게 철저한 마무리 작업으로 시황제의 무덤은 2천년이라는 세월을 무사히 지켜낼 수 있었던 것이다.

카이사르

Caesar, Gaius, Julius B.C. 100~44

✣ 엉뚱한 이혼 사유

예쁜 것이 죄가 되어 이혼을 당한다면 참으로 억울할 것이다. 바로 카이사르의 아내 얘기인데, 그는 자신의 두 번째 아내에게 갑자기 이혼을 통보했다. 아내가 무슨 부정한 행위를 한 것 때문이 아니라 젊은 남성이 그녀를 음탕한 눈으로 보았다는 것이 이혼 사유였다.

✣ 대머리 장군

카이사르(caesar)라는 단어의 의미는 '털이 많다'는 뜻인데 불행하게도 카이사르 장군은 대머리였다. 그의 아버지가 대머리였기 때문에 아들만큼은 대머리가 안되기를 바라는 마음으로 그렇게 이름을 지었는지는 모르겠지만 카이사르도 역시 대머리였다. 그는 매일

카이사르

로마의 장군, 정치가. B.C. 49년 로마 원로원은 그를 독재관에 임명하였다. 그 후 황제가 되려는 야욕을 부리다가 원로원에서 습격을 받아 23군데의 상처를 입고 일생을 마쳤다.

79

반짝이는 앞이마를 가리기 위해 뒤쪽의 머리카락을 잘 빗어 넘겨 이마를 덮었다.

❖ 두둑한 배짱

자신의 몸값을 책정한다면 과연 얼마를 책정할 수 있을까?

한 번은 카이사르가 해적에게 붙잡힌 일이 있었는데 해적들이 그의 몸값으로 20달런트를 요구하자 자신의 몸값이 이것밖에 안 되느냐고 화를 내고 오히려 50달런트를 주기로 약속했다. 나중에 자유의 몸이 된 카이사르는 해적들을 전부 소탕하여 사형에 처했다.

❖ 죽음에 관한 명언

한번은 카이사르가 그의 최측근인 레피두스의 집에서 식사를 하게 되었다. 많은 대화가 오고가다가 만찬이 끝날 무렵에는 인간이 어떻게 죽는 것이 가장 멋있는 죽음일까를 자연스럽게 이야기하게 되었다. 그때 독재자 카이사르가 불쑥 이렇게 내뱉었다.

"가장 행복한 죽음은 갑작스럽게 다가온 예상치 못한 죽음이지!"

이 말은 불행의 씨가 되어 후에 그는 갑작스러운 죽음을 당하게 된다.

❖ 세계 최대의 살인자

카이사르 하면 꼭 기억해야 할 것이 있는데 그는 역사상 최고의 살인자 중 한 사람이었다는 사실이다. 갈리아 전투에서만 카이사르의 군대가 120만 명이나 살해했을 정도였으니 무슨 말이 더 필요하겠는가?

아무리 역사가들이 과장되게 기록했다고 할지라도 그는 어느 누구에게 비하여도 손색이 없는 역사상 최대 살인자 중 한 사람인 것만은 분명하다.

✤ 머리 벗겨진 색골

카이사르가 나타나면 모두들 아내를 감춰야 한다는 말이 카이사르의 군대에 널리 퍼져 있었는데 그의 바람둥이 기질을 비방하는 것이었다.

그는 갈리아 전쟁을 치르는 동안에 끊임없이 색골의 모습을 보여 주었고 결국 전쟁 말기에는 그의 바람기가 노랫말이 되어 퍼질 정도였다.

✤ 주사위는 이미 던져졌다

"주사위는 이미 던져졌다."

이 말은 카이사르가 루비콘 강을 건너면서 했던 말이라고 널리 알려져 있고 그의 상징처럼 되었다. 그러나 이 말은 카이사르가 처음 만들어낸 것이 아니다.

'주사위는 이미 던져졌다' 는 말은 그 이전부터 사용되었고 그 당시에 사람들에게 흔히 쓰이던 말이었다. 그리고 '루비콘 강' 이 현재 정확히 어디를 말하는지 아무도 모른다.

✤ 영웅의 암살과 아내의 꿈

'아내의 말을 들어서 손해 보는 적은 없다.' 는 속담이 있다. 바로 카이사르에게 정말 필요했던 속담이다.

카이사르의 아내는 그가 죽기 전날 밤에 꿈속에서 카이사르의 동상이 피로 물드는 꿈을 꾸었다. 그래서 꿈이 불길하니 원로원에 가지 말 것을 충고했지만 결국 그는 아내의 말을 무시하였다. 그러나 왠지 모를 불길한 생각으로 원로원으로 향하던 카이사르는 그의 영원한 경쟁자였던 폼페이우스의 동상 앞에서 양아들인 브루투스와 그 일당에 의해 암살 당했다. 그는 23군데나 칼에 찔렸다.

❖ 브루투스, 너마저도!

자기를 괴롭혔던 자의 아들을 양아들로 삼았지만 결국에는 그에 의하여 암살을 당해야만 했던 얄궂은 카이사르의 운명.

"브루투스, 너마저!"

그가 마지막으로 했다는 이 말은 얼마나 멋지게 들리는가? 그러나 당시 자료에 보면 목격자들은 그가 죽을 때 상대를 그냥 노려만 보았을 뿐 아무 말도 하지 못했다고 전했다.

Nero, Claudius Caesar Augustus Germanicus 37~68

노래를 즐겨 불렀던 살인광

네로

✤ 출생의 비밀

악인은 아무렇게나 만들어지는 것이 아닌가 보다.

역사상 최고의 악당인 네로는 근친상간의 표본이었

는데 그의 어머니 아그리피나는 친오빠와의 근친상

간으로 그 이름도 유명한, 악명 높은 네로를 낳았다.

네로의 탄생은 로마에게 있어 피의 전주곡이었다.

✤ 어머니의 화려한 경력

네로의 어머니 아그리피나는 상당한 미인이었던 반

면 악의 표본이었다. 그녀는 클라우디우스 황제와 재

혼해서 황후가 되었는데 황제와는 삼촌과 조카 사이

였고, 전남편과의 사이에서 아들까지 낳은 여자였다.

그녀는 삼촌인 클라우디우스 황제와 결혼하기 위하

여 온갖 술수를 다 썼고 마침내 승리를 얻어냈다. 물

네로

로마의 제5대 황제(재위 54~
68). 64년 7월 로마 대화재의
책임을 기독교도에게 전가하
고, 잔혹한 대학살을 저질러
최초의 기독교 박해자로 낙인
찍혔다.

론 로마 원로원은 반대했지만 황제가 그녀와 결혼하겠다는 데 감히 그 누가 말릴 수 있겠는가?

❖ 독살에 관한 명언

클라우디우스 황제가 첫 번째 황후의 아들을 후계자로 세우려 하자 아그리피나는 자신의 숨겨진 잔인성을 발휘하기 시작했다.

그녀는 자신의 아들 네로를 황제로 만들기 위해 독약을 잘 쓰는 궁정 여인의 도움을 받아 황제가 가장 좋아했던 버섯 요리에 치명적인 독을 넣었다. 황제는 그 음식을 먹고 미친 듯이 괴로워하면서 그 자리에서 숨이 끊어졌고, 네로는 정식으로 황제로 추대되었다.

황제 즉위식이 끝난 후 네로는 측근들에게 이런 명언을 남겼다.

"버섯요리는 신이 내리신 음식이다!"

❖ 해도 너무한 모자간의 사랑

아그리피나가 아들인 네로와 성 관계를 갖은 것은 모두가 다 아는 사실이었다. 그들이 여행을 할 때면 네로 황제와 어머니 아그리피나는 커다란 가마를 함께 타고 다녔는데 그 때마다 서로 관계를 가졌다고 한다.

아그리피나는 한 걸음 더 나아가 아들과 결혼하기를 원했다. 하지만 네로는 신하들이 반대한다는 이유로 어머니와의 결혼만은 거부했다.

❖ 악명 높은 아내

네로는 두 명의 아내를 차례로 맞이했다. 첫 번째 아내 옥타비아는 바로 황제 클라우디우스의 첫 번째 황후의 딸이었다. 하지만 일종의 정략 결혼이었을 뿐 네로는 그녀를 쳐다보지도 않았다.

그 후 네로는 포파이야라는 여성을 사랑하게 되었는데 그녀는 아그리피나보다 한 수 더 높은 악녀였다. 그녀는 모략으로 옥타비아를 죽음으로 몰아넣고 자신이 황후가 되었다. 여기에 만족하지 않고 네로와 자신과의 결혼을 반대한 아그리피나마저 제거할 계략을 꾸몄다. 결국 네로는 포파이야에게 푹 빠져 자신의 어머니마저 살해했다.

✥ 모친 살해

네로는 결혼 후에도 아그리피나와 꾸준히 근친상간 관계를 맺고 있었다. 그런데 그녀가 정치는 물론 사생활, 심지어 결혼 문제까지 간섭하자 네로는 어느 날 자객을 보내 어머니를 암살했다.

자객이 찾아오자 아그리피나는 여유 있는 표정으로 그를 맞았다.

"나를 죽이려면 여기를 찔러라, 내가 네로를 낳은 자궁을 찔러!"

친오빠와의 사이에서 네로를 낳고, 삼촌과 결혼하여 황후가 되었고, 아들과의 기막힌 근친상간……. 그녀는 죽음을 앞두고 무슨 생각을 했을까?

✥ 뿌린 대로 거두다

인생은 무엇이든 뿌린 대로 거두나 보다.

네로는 자신이 그토록 사랑했던 두 번째 황후 포파이야가 임신 중이었을 때 조그마한 말다툼 끝에 그녀의 배를 걷어차 죽게 만들었다.

아그리피나와 포파이야, 그리고 네로는 모두 자신들이 뿌린 비극을 그대로 거둬들여야 했다.

❖ 동성간의 결혼식

포파이야를 잃은 후 네로에게 다시 새로운 이상형이 나타났다. 그러나 그 사람은 엉뚱하게도 여성이 아닌 노예 신분의 미소년이었다. 네로는 그 미소년을 너무 사랑하게 된 나머지 급기야 그의 남성을 거세하였다. 그리고 그에게 드레스를 입히고 아주 성대한 결혼식을 올렸다. 아마도 그 미소년은 성전환 수술 1호가 아닐까?

❖ 고백하면 용서받는다

네로는 이 세상에 순결한 사람은 없다고 믿었다.

"사람들은 모두 음흉하게 순결한 척을 하고 있다!"

네로는 아무리 큰 죄를 진 흉악범이라도 자신의 가장 수치스럽고 음행에 관계된 고백을 솔직히 털어놓으면 모두 용서해 주었다. 그래서 그 당시에 기상천외한 음란한 이야기들이 수없이 많이 만들어졌다.

❖ 엘리베이터의 등장

네로는 역사상 최고의 폭군이었지만 지혜가 뛰어났다. 그는 자신의 커다란 궁전에서 계단을 오르내리다가 한 가지 기발한 발상을 하였는데 바로 엘리베이터였다. 그는 궁전 맨 꼭대기에 장치를 달고 밧줄을 묶어 커다란 사각모양의 화려한 통을 연결한 다음, 노예들로 하여금 잡아당기게 해서 편하게 위층과 아래층을 오르내렸다.

❖ 노래하는 황제

네로의 가장 큰 욕망은 대중 앞에서 노래를 부르는 것이었다. 네로는 개인 교습을 받은 후 나폴리에서 공연하게 되었다. 그러나 공연이 끝나기도 전에 이미 수많은 관객들이 자리를 떠나버렸다.

이에 격분한 네로는 그 다음 공연에서는 모든 문을 봉쇄시켜 버렸다. 자신이 무대에서 노래를 부르는 동안 아무도 밖으로 나가지 못하게 하기 위해서였다.

❖ 살인광의 열망

네로 황제를 말할 때 빼놓을 수 없는 것은 바로 기독교인들에 대한 박해이다. 그는 무차별적으로 기독교인들을 잡아들인 다음 대형 원형 경기장에서 굶주린 맹수들과 싸움을 시켰다. 하지만 말이 싸움이지 어떻게 맨손으로 맹수들과 겨룬다는 말인가? 기독교인들은 잔인하게 찢겨져 죽어갔고, 수많은 군중들은 네로가 하사하는 빵을 받기 위해 그 잔인한 경기에 환호를 보냈다.

❖ 스승을 죽인 악당

네로와 헨리 8세는 자신에게 가르침을 준 스승을 잔인하게 죽였다.

네로는 철학자이자 자신의 가정교사였던 세네카를 모함으로 처형하였고, 헨리 8세는 토마스 모어를 죽음으로 몰아 넣었다.

❖ 로마 화재의 범인은?

네로가 폭군이었다는 사실로 많은 누명을 쓰고 있는데 그 중에 대표적인 것이 그가 로마 대화재의 범인이라는 것이다.

그러나 네로는 로마에 대화재가 일어난 것과 아무런 관련이 없다. 그는 화재가 시작되었을 때 로마에 있지 않았다.

❖ 자비심 많은 네로

사람에게는 근본적으로 선이 존재하는 것 같다. 네로 역시 막 황제에 올랐을 때는 인정을 베풀 줄 알았다. 그가 첫 사형집행 명령서에 서명할 때 "아, 내가 꼭 서명을 해야 한다는 사실이 안타깝구나!"라고 말하며 서명하기를 주저했다.

이런 모습 때문인지 네로가 전혀 인기가 없었던 것은 아니었다. 일부 기록에 보면 그가 죽었을 때 사람들이 황제의 무덤에 꽃을 바치기도 했다.

❖ 위대한 예술가의 자살

네로는 로마 원로원뿐 아니라 모든 신하들이 자신에게 등을 돌리자 68년 6월 9일 자결했다. 성난 폭도들이 황제를 거꾸로 매달아 죽을 때까지 고문을 할 것이라는 소문을 전해 듣고 자살을 선택한 것이다. 그는 죽어가면서 마지막으로 이런 말을 남겼다.

"아, 드디어 위대한 예술가가 사라지는구나!"

Ivan IV 1530~1584

이반 4세

❖ 예비신부가 1,500명

공포 정치의 대명사인 이반 4세는 자신의 마음에 드는 아내를 고르기 위해 전국에 있는 귀족들의 딸들을 강제로 모스크바로 소환하였다. 이렇게 모인 처녀들이 자그마치 1,500명을 넘었다고 하는데 황제의 명령에 따르지 않으면 지위 고하를 막론하고 처형되었기 때문이다.

이반 4세는 1,500명이 넘는 여성들을 모두 일 대 일로 만난 후 신부를 고를 계획이었다. 그는 과연 어떤 여성을 골랐을까?

❖ 이반에게 시집가는 건 싫어요!

이반 4세와의 결혼은 곧 죽음을 의미하였다. 그에게는 이미 다섯 명의 아내가 있었지만 모두 처형되었다. 그

이반 4세

러시아의 황제(재위 1533~1584). 이반 3세의 손자. 이반 뇌제라고도 한다. 1533년 즉위하였으나 나이가 어려, 대귀족들의 전횡으로 고초를 겪었다. 이것 때문에 1547년 차르라고 칭하며 친정(親政)을 시작하고 나서는, 자기가 신뢰하는 사람들로 선발회의를 구성하여 정치를 하였다.

는 이번에는 영국 여성과 결혼하고 싶어서 영국의 엘리자베스 1세 여왕에게 중매를 부탁하였다.

엘리자베스 여왕은 자신의 조카딸을 러시아의 황후로 추천하고 결혼 준비를 진행하였는데 문제는 신부였다. 그녀는 이반 4세와 죽어도 결혼하지 않겠다고 버텼고 러시아로 출발하는 날에는 울다 지쳐 실신하는 지경까지 이르자 결혼은 취소될 수밖에 없었다.

❖ 너무 아름다워도 탈

포악하기 그지없었던 이반 4세였지만 그도 큰 일을 하나 이루어냈다. 1555년 모스크바에 웅장한 성 바실 교회를 건축한 것이다. 모든 국민이 교회의 건축을 기뻐하였고 이반 4세도 그 건물의 아름다움에 반하였다.

그런데 이 때문에 그는 한 가지 엉뚱한 일을 벌이게 된다. 그는 자신의 온 정성이 들어간 이 교회보다 혹시 더 멋있는 작품이 나올 것을 두려워한 나머지 성 바실 교회의 설계자를 부른 후 음식에 독을 타서 그의 눈을 멀게 만들었다.

❖ 코끼리의 운명

이반 4세의 잔인한 성격은 동물에게도 예외가 아니었다. 페르시아의 황제가 특별히 러시아에서는 볼 수 없는 코끼리를 선물로 보내왔다. 신하들이 코끼리를 신기한 듯 쳐다보는데 갑자기 그가 코끼리를 향해 무릎을 꿇으라고 외쳤다. 그러나 코끼리가 어떻게 그 말을 알아들을 수 있는가. 가만히 서 있던 코끼리는 바로 죽음을 당할 수밖에 없었다.

또한, 한 달이 넘도록 매일 술잔치를 벌인 적도 있었는데 그때마다 수천 마리의 짐승을 죽였다. 그는 높은 절벽에서 동물들을 떨어뜨려 고통 속에 죽어가는 모습을 보며 즐거워했다.

❖ 아들을 죽인 살인자

며느리 사랑은 시아버지라고 했던가? 하지만 이반 4세에게는 이런 평범한 공식이 통하지 않았다.

어느 날 그는 온 왕실 가족이 모인 자리에서 며느리의 품행이 정숙하지 못하다며 그녀의 뺨을 때렸다. 이런 모습을 보고 어느 아들이 참고 있겠는가? 황태자는 이반 4세에게 대들었고, 그는 기다렸다는 듯이 옆에 있는 쇠몽둥이로 아들의 머리를 내리쳤는데 황태자는 그 자리에서 사망했다.

그러나 그도 아버지임에는 틀림이 없었다. 시간이 지날수록 그는 악령에 시달리며 매일 밤 울부짖었고, 건강도 쇠약해지기 시작했다.

❖ 수행자가 된 폭군

사람은 근본적으로 선하기 때문에 아무리 포악한 사람도 착하게 변할 수 있다는 말이 맞나 보다.

이반 4세는 말년에 과거의 잘못을 뉘우치며 진리를 찾기 시작했고 결국 수행자가 되어 조용하게 일생을 마쳤다.

Pyotr I 1672~1725

온갖 세금으로 국민을 쥐어짠 황제

표트르 1세

❖ 복수의 화신

표트르 1세는 자신의 황후에게 옛 애인이 있다는 사실을 밝혀낸 후 그를 찾아내 처형하였다. 하지만 황제의 보복은 여기에서 그치지 않았다.

그는 처형된 시신의 목을 잘라 독한 술이 담긴 유리 항아리에 넣은 후 황후의 거처 중 한 곳에 영원히 보관하도록 명령했다.

❖ 특이한 공포심

천하무적 표트르 1세에게도 천적은 있었다. 그는 특이하게도 강이나 왕궁에 놓여진 아치형 다리를 건널 때면 온몸을 떨면서 무서워했다.

표트르 1세

러시아 로마노프왕조의 제4대 황제(재위 1682~1725). 육·해군의 근대화와 관료정치를 완성하여 러시아 자본주의화에 노력하였다.

❖ 수염은 불법

황제가 되기 전 유럽 곳곳을 다니며 견문을 넓힌 표트르 1세는 황제가 된 후 유럽인들보다 러시아 국민들이 더 세련되게 보이도록 한다며 한 가지 특단의 조치를 취했다. 1698년 법령을 공포한 것인데, 그 법령은 턱수염을 기르는 것을 불법으로 규정하였다.

턱수염을 기른 사람에게는 무려 100루불에 달하는 세금을 부과했고, 또 구레나룻을 기르려면 성문을 지날 때마다 통행세를 내야 했다. 이것을 지키지 않는 사람들은 강제로 면도를 당하거나 심하면 감옥에 수감되는 경우까지 있었다.

❖ 무조건 이를 빼는 황제

표트르 1세는 자신이 유럽에서 보고 배운 것을 토대로 과감하게 근대화를 시도했다. 이것은 의학, 과학, 농업, 천문학 등 전 분야에서 실시되었다.

그런데 표트르 1세는 항상 자신이 먼저 앞서 나갔는데 너무 앞서 나간 나머지 웃지 못할 에피소드를 만들었다.

그는 충치 때문에 고통을 당하는 신하를 보면 무조건 불러서 이를 뽑았다. 물론 자신은 최신 유럽 의학을 시행하고 있다고 생각했지만 기술 없이 힘에만 의지해서 이를 뽑았기 때문에 부작용이 상당히 심했다. 그 중에는 입안이 헐어서 며칠 동안 아무 것도 먹지 못하거나 성한 치아마저 못쓰게 된 사람도 있었다. 그래서 신하들은 황제 앞에서 절대로 이가 아프다는 내색을 하지 않았다.

✥ 국민을 쥐어짜라!

표트르 1세는 러시아를 서구화시키는 데 주력하고, 영토를 넓히는 데도 온 힘을 기울였다. 그 때문에 국고가 바닥나게 되자 재정 부족을 해결하기 위한 방안으로 각종 세금을 신설했다.

세금의 종류는 수십 가지가 넘었고 매우 다양했다. 모자세, 장갑세, 목욕세, 세탁세, 굴뚝세, 수박세, 오이세 등 세금의 행진은 계속 되었다. 출산, 성년식, 결혼, 기타 잔치는 물론이고 죽을 때에도 세금을 부과하였다.

그러나 끊임없이 새로운 세금이 생겨나도 아무 소용이 없었다. 수많은 세금을 걷는 데 많은 인원을 필요로 했고 그들에게 주는 임금 때문에 오히려 국가 재정이 더 악화되었다.

✥ 어이없는 죽음

러시아의 황제치고는 표트르 1세의 죽음은 너무도 허무했다.

어느 날 표트르 1세가 강가를 지나던 중에 한 사람이 물에 빠져 허덕이는 것을 목격하고 즉시 강으로 뛰어들어서 그 사람을 구해냈다. 그 일이 있은 후 황제는 지독한 감기에 걸렸고 심한 고열에 시달리다가 한 달만에 죽음을 맞이했다.

Napoleon Bonaparte 1769~1821

나폴레옹 1세

❖ 나폴레옹의 성적표

너무 뛰어난 천재들은 학교에서 인정받지 못하는 걸까?
위대한 발명가 에디슨은 퇴학을 당했고, 아인슈타인
도 스스로 학교를 떠났다. 나폴레옹도 마찬가지였다.
그는 파리육군사관학교에서 아무런 주목도 받지 못
한 채 51명 중 42등으로 간신히 졸업하였다.

❖ 내 사전에 매너는 없다

우리가 상상하는 나폴레옹은 백마를 타고 힘차게 달
리는 세련되고 멋진 영웅의 모습이다. 하지만 그가
음식을 먹을 때 보여준 테이블 매너는 너무 지저분하
고 품위가 없었다.

고기는 한 손에 쥐고 물어뜯었고, 남은 뼈는 그냥 팽
개쳐 버렸다. 먹을 때 쩝쩝 소리를 내는 것은 물론이

나폴레옹 1세

프랑스의 황제(재위 1804~
1815). 1799년 11월 9일 쿠데
타로 통령 정부를 수립. 종신
통령이 되자 신 헌법의 제정,
나폴레옹 법전의 편찬, 프랑스
은행 설립 등을 실시한 후 황
제가 되었다.

95

고, 음식 먹는 속도가 너무 빨랐기 때문에 그와 함께 식사하는 사람들은 항상 당황할 수밖에 없었다.

✤ 이동도서관의 설립자

나폴레옹만큼 많은 책을 읽은 지도자도 드물 것이다. 집무실, 침실, 화장실, 식당 등은 물론 그가 있는 곳이라면 어디라도 책이 꽂혀 있었다. 심지어는 마차 안에서도 독서를 했는데 책을 다 읽으면 창 밖으로 내던졌다고 한다. 그는 책을 너무 좋아했기 때문에 전쟁에 나갈 때에도 항상 책들을 가지고 다녔다. 어떤 전쟁에는 약 5만 권 정도의 책을 가지고 다닌 적도 있다. 아마도 오늘날 이용되고 있는 이동도서관의 원조는 나폴레옹이 아닐까?

✤ 통조림의 원조

나폴레옹은 많은 전쟁을 치를 때마다 고민되는 것이 하나 있었다. 그것은 바로 음식이었다. 전쟁이 길어지면서 음식 재료가 변질되거나 부패하여 어떤 날에는 하루에 한끼만 겨우 먹을 수밖에 없는 상황이 계속 반복되었다. 그래서 그는 전쟁 중에도 신선한 음식을 먹을 수 있는 방법을 고안해 낸 사람에게 상과 상금을 수여하겠다고 발표했다.
그 상은 프랑스의 한 발명가에게 돌아갔다. 그는 음식을 오래도록 저장할 수 있는 방법을 개발했다. 그가 고안해 낸 방법은 바로 음식물을 밀봉된 병 속에 저장하는 것이었다!

✤ 워싱턴의 팬

나폴레옹이 그 당시 존경하는 유일한 사람이 있었는데, 바로 미국의 초대 대통령 워싱턴이었다. 1799년에 워싱턴 대통령이 죽었을 때 나폴레옹은 크게 안타까워했고 프랑스 국민들에게도 10일 동안 애도를 표하고 술과 잔치를 자제하도록 명령하였다.

❖ 의학에 대한 불신

"의학은 죽음으로 이르게 하는 과학이다!"

나폴레옹은 의사들을 매우 불신하였다. 그래서인지 그는 평생 수많은 질병으로 고통을 당했다. 간질·결핵·뇌하수체부전·말라리아(학질)·매독·비소 중독·성기능부전증·소화선궤양·신경성 피부염·아메바성 농양·암·위산과다증·이질·조울증·치질·콜레라······.

그의 무질서한 식사 습관이 많은 병을 키웠다고 의학자들을 주장한다.

❖ 주치의가 남긴 이상한 기록

정열과 강인함의 상징인 나폴레옹. 그러나 그의 주치의가 남긴 기록을 보면 의아한 부분이 있다.

"나폴레옹의 가슴은 여성처럼 크고 포근했으며 '남성' 자체는 아주 작았다."

전 세계를 흔들었던 전쟁 영웅이었으나 자신의 '무기'는 아주 볼품없었던 나폴레옹. 그는 정열 하나로 그 모든 것을 커버했던 것이다.

❖ 조제핀의 불륜

나폴레옹은 황후 조제핀의 불륜을 일찌감치 눈치챘지만 진정으로 사랑하고 있었기 때문에 그녀의 명예를 지켜주었다. 그는 조제핀과 이혼할 때 그녀가 아기를 낳지 못한다는 이유를 들어서 이혼을 선포했다.

나폴레옹은 이혼 후에도 조제핀이 계속 궁에 머무를 수 있도록 특별히 배려했다. 하지만 이런 배려에도 불구하고 조제핀의 불륜은 계속 이어졌다.

❖ 말에서 떨어지는 영웅

나폴레옹은 포병대의 유능한 장교였다. 하지만 만약에 그가 다른 병과로 배치되었다면 크게 낭패를 보았을 것이다. 그의 키는 169센티미터로 당시 프랑스에서는 평균적인 키였고 상당히 빈약한 체격이었다.

오늘날 나폴레옹이 그려진 그림은 대부분 백마를 탄 늠름한 모습으로 클로즈업된다. 그러나 그는 말을 잘 타지 못해서 사냥을 나갈 때 말에서 떨어지는 일이 많았다. 나폴레옹이 백마를 탄 멋진 기사로 보여지는 것은 흔히 그런 것처럼 영웅에 대한 과대 평가가 아닐까?

❖ 치질로 막을 내린 백일 천하

나폴레옹의 몰락은 워털루 전쟁에서의 패배가 가장 큰 원인이었다. 나폴레옹은 왜, 어째서 그 전쟁에서 졌을까?

워털루 전쟁 당시 그는 치질이 심했는데 의자에 앉아 있을 수도 없는 지경에 이르렀다. 주치의는 전투 전날 나폴레옹에게 다량의 진통제를 투여했다. 그래서인지 전투 당일 그는 정신이 몽롱한 상태였고, 공격시간도 늦추는 등 판단 능력이 제로였다. 결과적으로 치질이 워털루 전투의 승패를 결정했다.

❖ 썩지 않는 시체

나폴레옹은 1821년에 사망하였다. 그 후 1840년 파리에 있는 엥발드 성당 (상이 군인들을 치료하던 부상병원)에 있는 묘로 이장을 하였다.

그런데 사람들이 나폴레옹의 관을 바꾸기 위하여 관뚜껑을 열었을 때 모두들 기절초풍하고 말았다. 사망한 지 20년이 지난 나폴레옹의 유해가 마치 살아 있는 것처럼 조금도 부패하지 않았기 때문이었다.

❖ 독살의 배후는 벽지

나폴레옹의 사후에 '독살설'이 과학적 증명에 의하여 다시 끈질기게 나돌았다. 그가 죽은 지 150년 후 유해의 머리카락을 과학적으로 검사했는데 놀랍게도 정상인에 비하여 비소가 60배나 많이 검출되었다. 그는 소량의 비소를 꾸준히 복용함으로 암살 당한 것이다. 그렇다면 과연 그를 독살한 배후자는 누구일까?

나폴레옹의 죽음에 관한 의문은 엉뚱한 곳에서 풀렸다. 1980년 나폴레옹이 마지막을 보냈던 거주지를 조사하던 중 그의 침실 벽에서 이상한 냄새가 나 그 방의 벽지를 조사했는데 놀랍게도 정상인을 죽일 수 있는 충분한 양의 비소가 발견되었다.

이 암살이 누구에 의해 계획되었든지 우연이든지, 아무튼 영웅은 암살당했다.

❖ 영화에 가장 많이 나오는 역사 인물

21세기 첨단 문명을 달리고 있는 현재에도 많은 사람들은 영웅을 그리워하고 있다. 이를 반영하듯 스크린 시대로 접어들자 수많은 역사 속 인물들이 영화의 주인공으로 클로즈업되었다.

그 중에서 나폴레옹은 최고의 상한가를 기록했다. 나폴레옹의 드라마틱한 삶은 영화의 주인공이 되기에 딱 맞았다. 그는 1897년 이래 170편 이상의 영화에 등장했다.

Stalin, Iosif Vissarionovich 1879∼1953

암살을 두려워한 독재자

스탈린

스탈린

소련의 정치가. 1898년 이래 혁명운동에 투신. 1924년부터 소련 공산당 중앙위원회 서기장을 지냈고 레닌의 사후 사회주의 건설을 지도, 헌법을 제정하였다.

❖ 아들까지 포기하다

아들에 대한 사랑이 부족해서인가, 정치적 신념인가? 제2차 세계대전 당시에 스탈린의 아들이 독일의 전쟁 포로로 잡히게 되었는데 이때 독일 측으로부터 포로교환에 관한 제안을 받았다. 하지만 스탈린은 자신의 정치적 신념을 선택했고 결국 사랑하는 아들은 독일의 수용소에서 죽고 말았다.

❖ 고공 공포증

스탈린이라는 이름은 '강철의 사람' 이라는 뜻인데 그 이미지에 맞지 않게 그는 겁쟁이였다. 특히, 고공 공포증이 너무 심했기 때문에 될 수 있는 한 비행기를 타지 않았다.

❖ 신학생이 숙청의 대명사가 되다

대학살 하면 떠오르는 사람이 스탈린이다. 그는 2천만 명을 학살하였는데 그 중 1천만 명에 이르는 사람들을 '대숙청'이란 명목으로 죽였다. 스탈린은 자신의 오른팔 역할을 했던 키로프가 암살 당한 후 복수를 시작하면서 이로 인해 무고한 사람들까지 죽이기 시작한 게 무려 1천만 명이 넘었다.

그러나 아이러니컬하게도 스탈린은 유년시절 약 5년여에 걸쳐 티플리스 신학교에서 신학을 공부했던 신학도로 당시에는 제법 모범생이었다. 그에게 이런 경건함과 순수함이 있었다니 놀랍기 그지없다.

❖ 암살을 두려워한 독재자

독재자 스탈린. 수많은 정적이 늘 그를 노리고 있었다.

그는 항상 불안해했고 암살을 두려워하여 주위의 경계를 엄중히 하였다. 특히, 그가 잠을 자는 별장에는 똑같은 방을 네 개나 만들어 어느 방에서 자는지 알 수 없도록 별장을 요새화 하였다.

전등 버튼 또한 자신이 아니면 열리지 않도록 특수 설계를 하였다니 우리나라 속담에 '맞은 놈은 다리 뻗고 자고 때린 놈은 웅크리고 잔다.'는 말이 딱 맞는 것 같다.

❖ 과잉경호가 그를 죽게 하다

스탈린은 다른 사람들에게 자신을 드러내는 걸 꺼렸으며 늘 혼자였다.

그는 자신의 침실에는 어느 누구도 얼씬거리지 못하게 했다. 자신을 시중 드는 사람들에게조차 모습을 잘 드러내지 않았다. 심지어는 그가 어느 방에서 잠을 자는지조차 모를 때가 많았다. 그만큼 그는 외부로부터 자신을 철저히 보안했다.

하지만 이런 과잉보호 때문에 스탈린이 뇌출혈로 쓰러졌지만 사흘이나 지나서야 참모에게 발견되었다. 그가 쓰러지던 날 의사가 하지 말라던 사우나를 한 것이 그를 죽게 만든 계기였다고 한다.

만약 스탈린이 자기 모습을 사람들에게 개방했다면 더 오래 살았을까?

무솔리니

Mussolini, Benito Amilcare Andrea 1883~1945

✤ 무솔리니의 후원자는 교황

무솔리니의 가장 든든한 후원자는 교황이었다.

당시 교황이었던 피우스 11세는 "무솔리니는 하나님의 뜻을 이룰 수 있는 지도자다."라고 극찬을 했다.

그래서인지 그는 선거에서 승리하였다. 가톨릭의 나라에서 교황의 후광을 입은 무솔리니의 파워는 대단했다.

✤ 독재자는 겁쟁이

신 로마제국을 꿈꾸어 오던 독재자 무솔리니. 그가 엄청난 겁쟁이였다는 것을 아는가?

그는 아내를 무서워했던 공처가였고, 밤이면 혼자서는 아무 데도 못 가는 겁쟁이였다.

또한, 무솔리니는 지저분한 독재자였다. 그는 목욕하

무솔리니

이탈리아의 독재자. 파시스트 당의 당수이자 총리(재임 1922~1943). 신 로마제국을 건설하려던 그의 꿈은 제2차 대전의 전세가 불리, 깨어지고 이탈리아의 항복으로 1945년 코모(Como) 호반에서 반 파쇼 의용군에게 체포되어 피살되었다.

는 것과 속옷 갈아입는 것 그리고 면도하는 것을 무척 싫어했다.

❖ 미신에 사로잡힌 독재자

무솔리니는 죄수들의 사형명령서에 서명하는 것을 주저하였다. 그는 사형
당한 사람이 혼령이 되어 다시 나타나 자신을 무섭게 노려볼 것이라는 미신
을 믿고 있었기 때문이다.

❖ 여자에 대한 견해

그는 10대 때부터 여자를 '물건'으로 생각하고 무조건 성적 욕구를 채우는
도구로 받아들였다. 여자는 자신의 욕망을 채우는 도구에 불과하기 때문에
하루에 여러 명과 차례로 관계를 하는 일도 서슴없이 치르곤 하였다. 그 덕
분에 그는 매독에 걸렸다.

❖ 무모한 전쟁을 선택한 이유

무솔리니는 자신이 매독에 걸린 것을 알고 자살까지 시도했지만 웬일인지
끝까지 의사의 치료를 거부했다.
그래서 그가 히틀러와 손을 잡고 무모한 전쟁에 뛰어들은 것은 뇌 속에 매
독균이 침투하여 올바른 상황 판단을 못했기 때문이었다고 추측하는 역사
학자도 있다.

❖ 클라라의 순애보

무솔리니에게도 결코 잊을 수 없는 사랑이 있었다.
1945년 4월 25일 반(反)파쇼 의용군에게 체포된 후 무솔리니는 총살형을 선

고받았지만 그의 애인 클라라는 총살당하지 않기로 되어 있었다. 그러나 그녀는 사랑하는 무솔리니와 함께 죽겠다고 애원했다. 이윽고 4월 28일 총알이 무솔리니를 향하여 발사되었을 때 클라라는 온몸을 던져 무솔리니를 감싸 안았다.

무솔리니는 클라라라는 한 여인에게만은 목숨보다 더한 사랑을 받았던 행복한 사람이었다.

•

Hitler, Adolf 1889~1945

죽음도 피해간 불사신의 사나이
히틀러

❖ 독재자의 출산에 얽힌 비밀

히틀러의 부모는 근친결혼을 하였는데 그 영향 때문
이었는지 어머니는 세 명의 아이를 낳았지만 한 명은
자폐아, 또 한 명은 뇌수 장애자였다. 그리고 마지막
한 명이 히틀러인데 그 역시 한쪽 고환이 없어 정상인
은 아니었다고 한다.

히틀러는 부모의 근친결혼을 일생 최고의 수치로 여
겼다.

히틀러

독일의 정치가 · 독재자. 나치
스 수령이 되어 맹렬한 국수주
의 운동을 전개했다. 제2차 세
계대전을 일으키고, 일찍이 세
계 역사상 유래가 없는 유태인
말살 정책으로 수백만의 유태
인을 죽여 전 세계를 전율케
했다.

❖ 2차대전의 전범은 비엔나 아트 아카데미

어렸을 때부터 그림에 뛰어난 재주가 있었던 히틀러는
화가를 꿈꾸었다. 그는 자신의 꿈을 이루기 위해 당시
최고 예술학교인 비엔나 아트 아카데미에 진학하려 했
지만 불합격함으로써 화가의 꿈을 접게 되었다.

그림을 좋아했던 히틀러는 평생 300여 점이 넘는 그림을 그렸는데 대부분 2차대전 중에 분실되었고 현재는 12점 정도 남아 있으며 그 중에 4점이 미국에 있다. 만약에 히틀러가 화가로서의 인생을 살았다면 오늘날 세계 역사는 어떻게 달라졌을까?

❖ 히틀러의 돈은 어디에?

히틀러의 생각에도 미국은 가장 안전한 나라였나 보다.
그는 미국 은행의 중요 고객 중 한 사람이었다. 2차대전 초기에 그는 미국 은행에 상당한 액수의 돈을 예금했다. 그 돈은 지금 어떻게 되었을까?

❖ 히틀러의 후견인, 헨리포드

히틀러는 처음에 대외적으로 많은 지지를 받는데 영국의 에드워드 8세도 그를 좋아했고, 미국의 헨리포드 역시 그에게 많은 정치자금을 보냈다. 히틀러의 집무실에는 헨리포드의 사진이 걸려 있었다.
많은 미국인들은 히틀러에 의하여 2차대전이 일어나자 헨리포드가 전쟁의 중재자로 나설 것이라 생각했지만 그는 전쟁 종식을 위해서 어떠한 노력도 하지 않았다.

❖ 아돌프라는 이름은 사용 금지

아돌프 히틀러가 정권을 잡자 '아돌프' 란 이름을 가진 농부나 하급 노동자들, 하류층의 사람들은 모두 자신의 이름을 바꿔야 했다.
단지 히틀러와 이름이 똑같다는 이유만으로 그들은 수많은 불이익을 당했다.

✤ 불사신의 사나이

히틀러는 '불사신의 사나이' 라고 불렸는데 왜냐하면 4년 간의 군대 생활 동안 프랑스와의 전쟁 등을 비롯하여 몇 번에 걸친 죽음의 위기에서 신기하게도 살아남았기 때문이다.

1939년 11월 8일, 그에게 또 한번 큰 위기가 있었는데 연설을 마치고 자리를 뜨자마자 폭탄이 터져 많은 사람이 죽고 다쳤다. 그 후에도 여러 번의 암살 시도가 있었지만 그는 우연인지 운명인지 큰 상처 없이 위기를 넘겼다.

✤ 최면술의 달인

히틀러는 군중몰이의 일인자였다. 그는 연설로 청중들을 휘어잡고 몰입시켜 자신의 열광적인 추종자로 만들었다.

그의 참모 중에 힌센이라는 최면술에 능통한 사람이 있었는데 그가 히틀러에게 집단 최면술을 가르쳤다고 한다. 청중들을 열광의 도가니로 몰아넣었던 히틀러의 연설은 아마도 그 영향이라고 역사학자들은 추측하고 있다.

✤ 자동차 왕국을 꿈꾸다

히틀러가 집권하자 독일 경제는 급부상하게 되었다. 그의 최고 작품은 뭐니 뭐니해도 전국적으로 연결시킨 고속도로였고, 거기에 맞추어 자동차의 수준을 높였다는 것이다. 우리들이 흔히 '풍뎅이 차' 라고 부르는 '폭스바겐'은 그 대표적 작품이라고 할 수 있다.

히틀러 덕분에 독일의 공업기술은 세계 최고를 달릴 수 있게 되었다.

❖ 피의 숙청

히틀러는 정권을 잡자 친위대를 앞세워 1934년 6월 30일에 소위 '피의 숙청'이라 불리는 대규모 숙청을 감행하였는데 그때 자신의 반대자들을 모두 말살시켜 버렸다. 모든 독재자들이 그랬던 것처럼 그 또한 자기에게 대립하는 정적은 하나도 남김없이 처형했던 것이다.

❖ 죽음의 골짜기

역사상 최단 기간에 최대의 많은 사람들을 죽음으로 몰아넣은 히틀러. 그의 독재정권은 겨우 6년 간의 전쟁 동안 3천만 명 이상의 인류를 죽음의 골짜기에 묻어버렸다. 이것은 하루 평균 1만 4천 명의 사람들이 전쟁 중에 목숨을 잃은 것이다. 히틀러는 역사상 최고의 살인자였다.

❖ 감히 암살을 꿈꾸다니!

1944년 7월 20일 히틀러 암살 사건이 실패로 돌아갔다. 기적적으로 살아난 히틀러는 범인들을 색출하여 그들에게 사상 유래 없는 고문을 가했다.
마치 정육점의 소, 돼지 걸어 놓듯이 쇠꼬챙이로 살을 찔러 매달아 놓고 가죽 채찍으로 때리고 기절하면 일단 정신을 차리게 한 다음 또 다른 방법으로 고문하는 등 엄청난 고통을 주었다.

❖ 결혼 피로연은 청산가리로, 신혼여행은 영원한 나라로

1945년 4월 28일 히틀러의 영원한 동지 무솔리니가 총살을 당하기 직전 그의 애인 클라라는 그와 함께 죽음을 선택했다. 이틀 후 히틀러의 애인 에바도 그와 함께 영원한 나라로 동행을 선택했다.

전쟁의 패전이 막바지에 다다른 1945년 4월 29일 히틀러와 그의 애인 에바는 눈물의 결혼식을 올렸다. 그리고 다음날 간단하게 점심을 먹고 청산가리를 마시고 그들은 영원한 나라로 신혼여행을 떠났다.

❖ 히틀러의 비밀 생활

히틀러는 수많은 여성들과 애정행각을 벌였는데 그 중에는 측근인 괴링의 아내와도 관계를 가졌고, 여배우, 16세의 소녀, 심지어는 자신의 조카딸 등과도 아주 문란한 관계를 즐겼다고 한다.

그런데 히틀러와 사랑을 나눈 대부분의 여자들은 비극적인 운명을 맞이했다. 21살 된 조카딸 안겔라 라우발은 권총으로 자살했으며, 29살의 인기 여배우는 12m의 아파트 창문에서 투신자살했다. 영국인이었던 한 여성은 1939년 권총으로 자신의 머리를 쐈다. 단 하룻밤을 지내고 목을 맨 여성도 있었다.

과연 그녀들은 스스로 자신의 삶을 포기한 것일까, 아니면 히틀러와 그의 추종자들에 의한 은폐된 죽음일까?

❖ 히틀러의 탈출설

히틀러의 죽음에 얽힌 루머 한 가지.

히틀러는 자신과 비슷한 외모를 가진 한 병사를 골라 자기 모습과 똑같이 꾸미게 한 다음 그를 죽였다. 시신을 발견한 러시아 군인들은 히틀러가 죽은 걸로 믿었다. 하지만 관저를 몰래 도망쳐 나온 히틀러는 아르헨티나의 조그마한 도시 근교에서 편안한 삶을 살다가 1950년에 사망했다는 것이다.

❖ 모스크바에 전시된 히틀러의 금니

히틀러는 정권을 잡았을 때 그 동안 관리하지 못하여 엉망이 된 치아를 대부분 금으로 장식했다.

그런데 러시아가 베를린을 정복했을 때 히틀러는 이미 죽어 있었고, 그의 모습과 비슷한 많은 시신들이 정복자들을 헷갈리게 했다. 그는 총으로 자결을 하기 전에 아주 독한 청산가리를 마셨기 때문에 그의 시신은 잘 알아볼 수 없을 만큼 엉망이 되어 있었다.

그러나 화려한 금니가 그가 히틀러라는 것을 확인시켜 주었고, 그 금니는 현재 모스크바에서 보관하여 많은 사람들에게 전시되고 있다.

세상을 뒤흔든 여성들

Cleopatra B.C. 69~30

재치와 매력을 겸비한 나일강의 여왕

클레오파트라

클레오파트라

이집트 여왕. 프톨레마이오스 왕조 최후의 여왕(재위 B.C. 51~30)으로 프톨레마이오스 12세의 딸. 비범한 화술, 단호한 결단력, 겁을 모르는 용기와 뛰어난 재치 등이 그녀의 미모와 어울려 파란 많은 생애와 함께 수많은 문학 작품의 소재가 되었다.

❖ 지적 수준 100%

클레오파트라는 지성과 미모를 갖춘 여성이었다. 그녀는 문학과 철학 그리고 역사학 등 다방면에 걸쳐 해박한 지식을 갖고 있었다. 특히, 그녀의 비범한 말솜씨와 재치는 많은 남성들의 마음을 사로잡기에 충분했다.

❖ 성적 수준 120%

클레오파트라의 파트너는 대단히 만족해했다. 그녀는 자신만의 독특한 성 테크닉을 지니고 있었고 섹스에 대하여 구체적인 훈련까지 받았다. 그녀는 남성들을 만족하게 하는 훈련을 할 때 어떤 날에는 하룻밤에 수십 명의 남성과 관계를 가졌다고 한다.

그녀의 타고난 성적 기질은 모든 남성들을 행복하게 만들었다.

❖ 클레오파트라는 절세 미인이었을까?

클레오파트라 하면 절세 미인의 대명사로 알고 있는데 그녀는 실제로 우리가 생각하는 것처럼 미인은 아니었던 것 같다. 클레오파트라를 역사상 최고 미인이라고 극찬했던 고대의 역사학자 카시우스 디오와 프랑스의 사상가 파스칼은 그녀를 단 한번도 보지 못한 사람들이다. 그들은 카이사르나 안토니우스와 같은 당시의 영웅들을 넘어뜨린 클레오파트라를 미인으로 칭송할 수밖에 없었다.

❖ 나일강의 여왕

세계를 지배했던 로마의 실력자들은 차례로 그녀에게 무릎을 꿇었다. 로마의 명장 카이사르는 21세의 그녀에게 유혹 당하여 아이까지 낳았으며, 그의 후임자인 안토니우스 역시 그녀에게 넘어갔다. 클레오파트라는 당시의 로마인들로부터 '나일강의 마녀' 라는 악의적인 험담을 들어야만 했다.

그러나 그녀는 매춘부도 마녀도 아니었다. 이집트의 여왕으로서 점점 기울어져 가는 조국을 로마의 억압 속에서 지켜내기 위해서는 그것이 최선의 방법이었다. 그녀는 이집트의 영광을 위하여 태어난 이집트의 수호신이었다.

❖ 베일에 싸인 죽음

클레오파트라가 어떠한 죽음을 당했는지는 아무도 모른다.

다만 그녀의 시신에서 왼쪽 팔에 두 개의 상처가 작게 나 있었는데 그것으로 로마의 실력자들이 독침을 사용하거나 독사를 이용하여 그녀를 살해했을 것이라고 추측할 뿐이다. 그 상처가 독사에게 물린 자국인지, 자살인지, 누군가에 의해 타살된 것인지는 아직도 밝혀지지 않았다.

Elizabeth I 1533~1603

유부남을 사랑했던 여왕

엘리자베스 1세

엘리자베스 1세

영국의 여왕(재위 1558~
1603). 영국과 결혼했다며 평
생 독신으로 살면서 영국의 근
대화에 굳건한 기반을 닦았다.
뒤에 영국이 일개 섬나라에서
대 해상제국이 되는 기초를 마
련했다.

❖ 밀레니엄 최고의 지도자

1999년 4월 18일 미국의 유명 일간지 《뉴욕타임스》
는 지난 1천년 간 밀레니엄 베스트 최고 지도자로 영
국 여왕 엘리자베스 1세를 뽑았다.

영국을 조그마한 섬나라에서 세계 제일의 강대국으로
이끈 엘리자베스 1세는 25세에 즉위하여 45년 동안
영국을 통치한 여왕이었다. 그녀는 "나는 영국과 결혼
했다."며 평생 독신으로 살면서 영국을 해가 지지 않
는 나라로 만들었다.

❖ 목욕을 싫어한 대머리 여왕

엘리자베스 1세가 현재 초상화에 남겨진 것처럼 미
모의 여왕일 것이라고 생각하면 오산이다. 그녀는 30
세가 되기도 전에 질병(천연두일 것이라 추정)으로 머리카

락이 거의 남지 않았다. 그래서 항상 가발을 쓰고 다녔다.

또한, 여왕은 씻는 것을 너무 싫어해서 한 달에 한 번 정도 목욕을 할까말까 할 정도였다.

❖ 속살이 다 비치는 옷을 입는 야한 여왕

평생을 독신으로 살아서였을까. 여왕은 모든 남성들의 관심이 오직 자신에게만 쏠리기를 원했다. 그녀는 3천 벌이 넘는 드레스와 구두, 모자 등에 모두 화려한 장식을 달았다. 때로는 아주 대담하게 속살이 다 비치는 드레스를 입고 나타나 신하들을 당황하게 만들기도 했다.

그녀는 옷에 관한 한 대단히 까탈스러워서 여왕의 전속 디자이너들은 골머리를 앓아야 했다. 어느 옷이든 공식 석상에서 단 한번이라도 입은 옷은 두 번 다시 입지 않았다.

❖ 노처녀 히스테리

엘리자베스 여왕의 노처녀 히스테리는 대단했다. 왕궁에서의 남녀 관계는 있을 수도 없었고, 여왕의 시녀들에게 친절하게 대했다는 이유만으로 왕궁에서 쫓겨난 신하도 있었다.

특히, 친척이나 신하들의 연애나 결혼 소식이 알려지면 며칠 동안을 여왕의 독특한 히스테리 때문에 모두들 조마조마하며 지내야만 했다.

❖ 괴소문 때문에 결혼을 포기하다

엘리자베스 여왕에게도 사랑했던 남성이 있었는데 그는 영국의 귀족이었다. 그러나 문제는 그 귀족에게 이미 아내가 있었다는 것이다. 그럼에도 불

117

구하고 여왕은 그와의 결혼을 결코 포기할 수 없었다.

그러던 어느 날 그 귀족의 아내가 갑자기 죽어버렸고, 어찌된 영문인지 여왕과 귀족의 계획된 살인이라는 괴소문이 삽시간에 온 나라에 떠돌았다. 결국 여왕은 결혼을 포기해야만 했다.

⊹ 밤의 여왕

영국 귀족과의 결혼 시도가 무산된 후 여왕은 아주 과감해졌는데 마음에 드는 남성들을 왕궁의 침실로 끌어들이기 시작했다.

엘리자베스 여왕은 많은 애인들을 거느렸던 지난 국왕들을 들먹이며 여왕도 많은 연인을 두어도 된다고 하면서 그 시대에는 상상하지 못할 정도로 과감한 연애를 즐겼다.

여왕은 60세가 넘어서도 왕성한 성욕을 자랑하며 40세 연하의 새로운 애인을 만들었고, 젊은 아가씨처럼 교태를 부리며 음담패설을 즐겼다.

에카테리나 2세

Ekaterina Ⅱ 1729~1796

❖ 남모를 고통

독일 귀족의 딸인 에카테리나는 16세에 러시아 황태
자비가 되었다. 그런데 그녀의 남편인 표트르 3세는
지능이 떨어졌고 성 불구자였다.

표트르 3세는 에카테리나의 방을 매일 찾아오기는
했지만 그 이유는 엉뚱한 데 있었다. 그는 커다란 침
대 위에서 장난감 놀이를 하는 것으로 긴 밤을 그냥
지샜다고 한다.

❖ 기상천외 엽기 시어머니

후계자 문제로 골머리를 앓았던 표트르 3세의 어머
니는 그래도 똑똑해 보이는 며느리에게 한 가지 묘안
을 내놓았다. 그런데 그 묘안이라는 게 기가 막혔다.
"지금의 황제야 어찌 됐든지 후계자는 있어야 한다.

에카테리나 2세

러시아의 여제(재위 1762~
1796). 계몽 전제 군주인 표트
르 3세와 결혼한 뒤 쿠데타로
남편을 죽이고 여황제가 되었
다. 영토를 넓혀 러시아의 국
력을 크게 높였다.

119

그러니 너는 어떤 남자를 만나도 좋으니 주저하지 말고 어서 아이를 낳아라!"

❖ 이왕 버린 몸

엽기적 시어머니와 멍청한 남편 사이에서 고심하던 에카테리나는 허락된 불륜을 시작하게 되었다. 그리고 결국에 가서는 남편을 죽이고 여황제가 되어 마음껏 수많은 애인을 만들었다. 에카테리나는 성욕의 포로가 되었다. 그녀는 어떤 날은 하루에 여섯 명의 애인들과 차례로 관계를 갖기도 했다. 알려진 애인들은 21명이라고 하지만 그녀와 관계를 가진 연인은 80명이 넘었다.

❖ 출산은 1급 비밀

에카테리나는 여러 남자를 자신의 침실로 끌어들여 아기 만들기에 노력했고 드디어 임신에 성공했다. 그러나 멍청한 표트르 황제는 자신의 아내가 임신한 것을 전혀 눈치채지 못했다.

출산일이 다가오자 그녀는 남편에게 알리고 싶지 않았고 오히려 남편을 따돌릴 기발한 아이디어를 생각해냈다. 그녀는 자신과 관계를 맺었던 한 신하와 짜고 불 구경을 좋아하는 황제를 위해서 왕궁 밖의 커다란 집에 불을 놓았다. 화재가 며칠 동안 계속 되자 황제는 신이 나서 불 구경을 하였고, 그녀는 그 틈을 이용하여 감쪽같이 아기를 출산했다.

❖ 굴러 들어온 왕권

굴러온 돌이 박힌 돌을 뺀다고 했던가? 지능이 낮은 표트르 황제를 대신하여 조금씩 정치에 참여하기 시작한 에타테리나는 얼마 후 모든 왕권을 손아귀에 쥐었고, 남편의 존재는 아무런 필요가 없어졌다.

그녀는 표트르 3세를 투옥하였고, 황제는 얼마 후 감옥에서 사망하였다. 그러자 에카테리나는 황제가 알코올 중독으로 사망했다고 발표하고 자신이 차르(러시아의 황제)가 되었다.

❖ 계몽 전제 군주

에카테리나는 계략으로 표트르 3세를 죽이고 차르가 된 후에 온갖 애정행각을 벌이며 여러 도덕적인 문제를 야기했지만 34년 동안 빛나는 리더십을 발휘하여 '계몽전제군주'로서 명예를 차지할 수 있었다. 훌륭한 통치라는 커튼 앞에서 그녀에 대한 어떠한 비방도 명함을 내밀지 못했다.

❖ 그녀도 한 여성이었다

여황제의 수많은 애인들이 과연 그녀를 행복하게 해 주었을까?

에카테리나는 말년에 한 평범한 여인으로서 그녀가 갖고 싶었던 행복에 대해 의미 있는 말을 남겼다.

"최고의 권력이 무슨 소용이란 말인가? 만약 내가 젊었을 때 나를 진정으로 사랑해 주는 남편이 있었다면 나도 다른 여성들과 같이 한 남자를 사랑하며 정숙한 삶을 살 수 있었을 텐데……."

누군가 자신을 진정으로 사랑하는 사람이 한 명만 있다면 그 행복을 어디에 비할 수 있을까!

Marie Antoinette 1755~1793

마리 앙투아네트

프랑스 루이 16세의 왕비. 독
일의 황제 프란츠 1세와 오스
트리아의 여왕 마리아 테레지
아 사이의 9녀로 빈에서 출생.
프랑스 혁명으로 혁명재판소
에서 사형선고를 받고 처형되
었다.

패션과 화장술의 리더

마리 앙투아네트

❖ 남편으로 인한 욕구 불만

역사적 사건을 깊이 살펴보면 가정의 중요성을 새삼
느끼게 된다.

루이 16세의 왕비 마리 앙투아네트는 사치와 환락 속
에서 국가경제를 거덜내는 데 일조하고 프랑스 대혁
명을 일으키게 한 원인을 만들었다. 그런데 그 동기
를 살펴보면, 그들의 결혼생활이 원만치 않았음을 알
수 있다. 루이 16세가 성 불능으로 앙투아네트를 만
족시키지 못하자 그 반작용으로 왕비는 사치와 향락
에 빠졌다.

❖ 왕비가 사형 당한 진짜 이유

마리 앙투아네트는 루이 16세와의 성생활에 불만을
갖고 잘생긴 미소년들을 왕궁으로 불러들여 은밀한

관계들을 가졌다.

더구나 자신의 장남과 근친상간을 했다는 소문은 국왕 폐지론을 주장하는 혁명가들에게 악영향을 미쳤고, 그녀가 처형을 당하게 되는 결정적인 요인으로 작용했다.

❖ 왕비가 제일 남자답다?

앙투아네트는 오스트리아의 공주로 대단한 말괄량이였는데 어머니인 테레지아 여왕도 딸의 앞날을 항상 염려했다. 시간이 흘러 프랑스의 왕비가 된 그녀는 사치를 좋아하는 철없는 왕비로 보였지만 혁명이 일어나자 어느 누구도 갖지 못한 용기와 당찬 모습으로 사태를 해결해 나갔다.

그러자 한 혁명가는 무력한 루이 16세를 바라보며 이렇게 탄식했다.

"루이 16세의 주위에는 쓸 만한 인물이 없어! 그러나 그의 왕비만큼은 정말 여장부야! 차라리 왕과 왕비가 바뀌었더라면 이런 혁명도 필요 없었을 텐데……."

❖ 왕실은 구경거리

당시 프랑스는 왕실의 모든 것이 일반 국민들에게 공개되었다. 그런데 그 정도가 지나쳐 왕비가 옷을 갈아입는 것과 화장하는 모습까지도 공개되는 바람에 왕실 앞은 서로 왕비를 보려는 시민들의 다툼으로 항상 소란스러웠다.

15세 되던 해 오스트리아에서 프랑스로 시집온 마리 앙투아네트는 프랑스 국경의 임시처소에서 드레스는 물론 속옷까지도 갈아입어야 했다. 당시 프랑스 왕실의 분위기가 그러했듯이 그녀도 신하들이 지켜보는 가운데 실오라기 하나 걸치지 않은 모습을 보여 주었다.

❖ 머리장식이 1미터

그 당시 프랑스에서 유행했던 패션이나 헤어스타일은 마리 앙투아네트와 깊은 관계가 있었다. 그녀의 전성기 때는 한 해에 3천 가지가 넘는 헤어스타일이 발표되기도 했다.

특히, 상류층 여성들 사이에 유행했던 헤어스타일은 머리를 길게 길러 여러 장식들과 함께 1미터 정도 위로 올리는 것으로 멋쟁이였던 마리 앙투아네트도 이 헤어스타일을 즐겨했다.

그런데 1미터를 땋아 올려 장식한 귀부인들의 헤어스타일에는 많은 돈이 들었고 그 관리에도 여러 가지 애로사항이 있었다. 특히, 마차를 탈 때 머리를 망가뜨리지 않으려고 마차 바닥을 무릎으로 기어서 들어가야 했고, 그보다 더한 것은 머리장식에 들어간 정성과 돈을 생각하여 그 머리를 일주일 이상 풀지 않고 지냈기 때문에 머리에서 냄새가 진동하거나 이가 생기기까지 했다.

❖ 왕비의 패션이 곧 유행

마리 앙투아네트는 옷을 차려입고 머리를 손질하는 것으로 하루의 대부분을 보냈다. 프랑스 패션의 선봉장인 왕비가 걸친 옷은 곧바로 도시의 거리에서 유행을 선도하였다. 심지어 왕비의 머리카락 색도 유행의 한 부분이 되었다.

왕비의 패션에 얽힌 재미있는 일화가 있다. 임신을 하지 못해 전전긍긍하던 왕비가 드디어 임신을 하게 되었다. 그녀는 1개월, 2개월, 3개월 시간이 지날 때마다 매달 임신복을 따로 만들어 입었다. 왕비의 배가 차츰 불러오는 대로 새로운 임신복이 개발되었다. 그런데 여기서 웃음을 머금게 하는 것은 임신하지 않은 여성들도 왕비의 임신복 패션을 따라서 했다는 것이다.

❖ 왕비는 단지 디자이너의 모델

마리 앙투아네트 왕비의 패션을 실제적으로 이끌어 준 것은 그녀의 디자이너였다. 어쩌면 왕비는 전속디자이너의 모델로서 그 역할을 완벽히 소화해 냈다고 말할 수도 있을 것이다.

아름다운 왕비는 디자이너에게 더 없이 훌륭한 모델이었다. 왕비의 패션이 온 나라에 유행할 때 그것을 흐뭇하게 바라 본 사람은 바로 왕비의 디자이너였을 것이 틀림없다.

❖ 최후까지도 우아하게

아랫입술이 조금 앞으로 나온 것 빼고는 정말 매혹적이고 눈이 부실 정도로 아름다웠던 프랑스의 왕비 마리 앙투아네트. 그녀는 프랑스의 일반 시민들이 가장 사랑하고 보고 싶어했던 여성이었다.

프랑스혁명으로 사형을 선고받고 형장의 이슬로 사라질 운명이 된 앙투아네트는 처형의 순간까지 프랑스의 왕비로서 그 품위를 잃지 않으려고 무던히 애썼다.

처형되던 날, 그녀는 구두를 신고 단두대로 올라가던 중 그만 중심을 잃고 한 병사의 발을 밟고 말았다. 그러자 그녀는 다시 우아한 자태로 서서 이렇게 사과의 말을 건넸다.

"어머나! 괜찮으세요? 일부러 그런 게 아니에요!"

❖ 휘파람이 만든 비극

이렇게 억울할 수가 있을까?

1786년 어느 날 한 공연장으로 마리 앙투아네트가 들어설 때 한 남자가 왕비를 향해 휘파람을 불었다. 그는 그 자리에서 즉시 체포되어 불경죄로 감옥에 갇히는 신세가 되었다. 그런데 시간이 지나자 그는 많은 사람들에게 잊혀졌다. 루이 18세도, 프랑스의 독재자 나폴레옹도 그의 존재를 알지 못했다.

1836년 그는 72세의 노인으로 겨우 감옥에서 풀려났다. 단지 왕비에게 휘파람을 불었다는 죄 아닌 죄로 그는 장장 50년이란 긴 세월을 감옥 속에서 보내야 했던 것이다.

빅토리아 여왕

Victoria, Alexandrina 1819~1901

❖ 태양을 멈추게 한 여왕

태양이 지지 않는 나라 영국! 적어도 빅토리아 여왕
시대에는 대영제국의 태양은 지지 않았다.

적포도주와 스카치 위스키를 즐겨 마셨던 빅토리아
여왕은 해가 지지 않는 강력한 대영제국의 영광을 즐
기며 80세까지 장수를 누렸다.

❖ 영어를 못하는 여왕

태양을 멈추게 한 여왕에게도 한 가지 불가능한 일이
있었다.

빅토리아 여왕은 역대 영국 국왕 중 64년이라는 최장
재위 기록을 남기며 대영제국을 통치했지만 정말 어
이없게도 영어를 완벽하게 구사하지 못했다.

빅토리아 여왕

영국의 여왕(재위 1837~
1901). 무려 64년 간 영국을
통치하여 역대 영국 국왕 중
최장 재위 기간을 기록했다.
여러 가지 개혁을 단행하고 산
업을 발달시켰으며, 제국주의
정책에 바탕을 둔 시장 획득으
로 영국의 최고 전성기를 이룩
했다.

❖ 호모는 불법, 레즈비언은 합법

호모와 레즈비언은 어떻게 다를까? 별반 차이가 없어 보이는 두 사안에 대하여 빅토리아 여왕은 그 기준을 분명히 정했다.

'호모는 불법이고 레즈비언은 합법이다!'

피장파장인 사안을 두고서 여성들끼리의 동성연애는 합법이고, 남성들끼리의 동성연애는 불법으로 치부한 이유는 과연 무엇일까?

그 이유는 빅토리아 여왕이 레즈비언이었기 때문이다.

❖ 여왕의 무통 분만

1800년대 중반부터 의학이 급속도로 발달되면서 산모들의 분만 고통을 덜어주기 위하여 마취제가 사용되기 시작했다. 그러자 많은 기독교인들이 『성경』에 거슬린다며 반대했다.

"네가 수고하고 자식을 낳을 것이며……."

기독교인들의 주장은 산모들이 당하는 분만의 고통은 인간이 지은 원죄이기 때문에 당연히 받아야 한다는 것이다.

그러나 빅토리아 여왕이 1853년 왕손을 출산하면서 마취제를 사용하자 마치 기다렸다는 듯이 모든 항의가 멈추었다. 모든 국민들의 존경을 한 몸에 받고 있던 여왕의 행동 하나하나는 곧 영국의 법이었다.

❖ 뛰어난 조크

어느 날 하와이의 여왕이 영국의 빅토리아 여왕을 방문했다. 하와이의 여왕이 빅토리아 여왕에게 이런 말을 건넸다.

"제 몸 속에도 영국인의 피가 흐르고 있어요."

그러자 빅토리아 여왕은 아주 만족한 표정을 지으며 그 말을 반겼다.

"아 그래요! 우린 서로 비슷한 사람이군요."

그때 하와이의 여왕이 진지한 얼굴로 이렇게 말했다.

"네, 우리의 조상님들이 영국의 선원들을 잡아먹은 적이 하도 많아서요."

❖ 세계 최초의 우표

우표의 근원은 1840년 영국으로 거슬러 올라간다. 그리고 그 세계 최초의
우표에는 빅토리아 여왕의 초상이 인쇄되어 있다.

Nightingale, Florence 1820~1910

평생을 환자로 보낸 전장의 천사

나이팅게일

나이팅게일

영국의 간호사·의료제도 개혁자·군대 간호사업의 선구자. 크리미아 전쟁이 발발하자 1854년 34명의 간호사와 함께 야전병원의 개혁에 초인적인 노력을 했다. 상병(傷病) 군인들로부터 '전장의 천사'라는 이름으로 불렸다.

❖ 간호사 생활은 딱 2년

백의의 천사 나이팅게일! 사람들은 그녀를 두고 전 세계를 대표하는 간호사로 꼽는 데 주저하지 않는다. 그처럼 영원한 간호사로서 그녀의 운명을 결정지은 것은 크리미아 전쟁의 2년이었다.

그녀는 크리미아 전쟁(1853~56)이 일어난 2년 동안만 간호사로 일했다. 그리고 평생 '백의의 천사'라는 명예를 안고 살았다. 수천 명의 전상자를 구한 천사는 하늘의 복을 받아 90세까지 장수했다.

❖ 평생을 환자로 보내다

나이팅게일은 야전병원에 보낸 2년 동안 너무 무리를 한 결과 귀국 후 평생을 환자로 지냈다. 더구나 그녀는 외로운 독신이었다. 수많은 환자를 살린 간호사도 자신의 건강을 보장하진 못했다.

❖ 치료에 방해가 되는 이유

"여성들의 간호는 치료에 방해가 된다."

크리미아 전쟁 중 영국의 야전병원에서는 한바탕 곤혹을 치러야만 했다. 그 이유는 나이팅게일을 비롯한 34명의 여성 간호사들이 그곳으로 파견된다는 연락을 받았기 때문이었다. 그들에게 있어서 여성들의 도움을 받는다는 것 은 일생의 수치였다. 당시 병원의 최고 책임자는 병원에서 멀리 떨어진 화 려한 막사에서 병원 상황이 어떻게 돌아가는지도 모른 채, 무조건 나이팅게 일이 제의하는 모든 도움을 거절했다.

❖ 나이팅게일은 명의였다

나이팅게일은 야전병원의 위생 상태 개선을 위해 초인적인 노력을 기울였 다. 나이팅게일의 끊임없는 헌신적인 노력은 바로 열매로 맺어졌다.

병원의 위생 상태가 깨끗해지자 수개월 후 사망률은 현저히 줄어들었다. 100명의 사망자가 발생하던 것이 2, 3명으로 줄었다. 이것은 어떤 뛰어난 의사가 초빙되었다 하더라도 결코 이룰 수 없는 기적이었다.

"천사는 예쁜 꽃들을 가꾸는 자가 아니라 아픔과 고통을 겪는 자를 위해 헌 신하는 자이다."

이 말은 나이팅게일이 자신에게 쏟아진 '백의의 천사' 라는 찬사에 감사하 며 사람들에게 한 말이다.

마리 퀴리

프랑스의 여류 물리학자 · 화학자. 1903년 남편과 함께 노벨 물리학상을 받고, 남편의 불의의 사망 후에 그녀는 소르본 대학의 교수가 되었는데 이는 프랑스 최초의 부인 교수였다. 1911년에는 노벨 화학상을 단독으로 받았다.

노벨상과 불륜의 러브스토리

마리 퀴리

❖ 특허를 거절하다

퀴리 부부는 방사능의 실마리를 풀 수 있는 라듐을 발견하여 인류 사회에 엄청난 공헌을 하였다. 이 사실을 알고 주위 사람들은 라듐을 만드는 과정을 특허를 내라고 권유했지만 그들은 거절했다.

"라듐은 온 인류에 속한 것입니다. 그렇기 때문에 어느 한 개인이 그것으로 인하여 이익을 취할 권리는 없습니다!"

그들은 인류와 세계를 사랑했던 진정한 부자였다.

❖ 방사선 독성으로 죽은 최초의 희생자

오늘날 방사능은 인류에게 첨단 문화를 선물했지만 그로 인한 부작용은 이루 말할 수 없다. 사람들의 생활에 꼭 필요한 불과 물이 잘못하면 엄청난 재앙을 가져오듯이 방사능도 인간을 위협했다.

라듐의 발견자인 마리 퀴리는 아이러니컬하게도 방사능 중독으로 백혈병에 걸리게 되었다. 그녀는 자신이 발명한 방사능에 의한 최초의 희생자였다.

❖ 노벨상 가족

1903년 마리 퀴리는 남편과 함께 노벨 물리학상을 공동수상했고, 1911년에는 혼자서 노벨 화학상까지 수상했다.

그 후에도 퀴리 가족의 영광은 계속되어 1935년 그녀의 딸 이렌도 남편과 함께 노벨 화학상을 공동으로 수상하는 등 노벨상 수상을 대물림했다.

❖ 불륜을 들키다

1911년 11월 마리 퀴리는 또 한 번의 위대한 영광을 차지했다. 노벨 화학상 수상자로 선정되어 두 번째 노벨상을 받은 것이다.

그녀의 아파트 앞으로 많은 사람들이 몰려들었다. 그러나 그들의 외침은 전혀 뜻밖이었다.

"폴란드의 외국년! 당장 떠나라!"

"할 짓이 없어서 남의 남편과 바람을 피웠냐!"

파리의 한 신문이 마리 퀴리의 불륜을 특종으로 보도했고, 곧 모든 언론들이 미망인인 마리 퀴리와 4명의 자녀를 둔 어느 교수와의 비밀스런 관계를 샅샅이 파헤쳤다. 이렇게 해서 노벨상의 영광은 그녀의 불륜으로 가려지고 말았다.

Monroe, Marilyn 1926~1962

시선집중 스캔들의 여왕

마릴린 먼로

❖ 불우했던 어린 시절

마릴린 먼로는 1950년대를 뒤흔들어 놓았던 스캔들의 여왕이었다. 아름다운 몸매와 특히 엉덩이를 흔들며 섹시하게 걷는 그녀의 모습에 전 세계 모든 남성들은 몸을 떨었다. 그러나 그녀의 얼굴 한 구석엔 언제나 어두움이 자리를 잡고 있었다.

먼로의 어머니는 정신이 온전치 못한 여성이었고 아버지는 그녀가 태어나기도 전에 집을 나간 후 행방불명이 됐다. 혼자 남겨진 그녀는 고아원과 빈민수용소 등을 전전하며 불우한 어린 시절을 보냈다. 그녀에게 있어서 행복이란 단어는 너무도 멀리 떨어져 있었다. 그러다가 1940년대 말 그녀의 인생은 누드모델로 나서며 새롭게 시작되었고, 인생에 대역전이 일어났다.

마릴린 먼로

미국의 여배우, 어린 시절을 고아원에서 보내는 등 불행한 생활을 했다. 누드모델을 거쳐 1947년 영화에 데뷔, 성적 매력을 발판으로 육체파 배우로서 널리 알려지게 되었다.

❖ 좋아하는 남자 타입

마릴린 먼로는 수많은 남성들과 관계를 가졌다. 그래서 대부분의 사람들은 그녀가 항상 섹스만을 생각하고 만나는 모든 남성들과 관계를 맺는 헤픈 여성일 것이라고 생각한다.

그러나 그녀는 자신이 원하는 이상형의 남성상이 확실했다. 그녀가 좋아하는 타입은 나이가 지긋하고 자상하며 아버지나 큰오빠같이 따뜻함이 느껴지는 남성이었다. 아버지의 사랑을 모르고 자란데서 오는 욕구불만이 그런 식으로 표출되었던 것이다.

❖ 20세기 스캔들의 여왕

세상의 어느 남자인들 그녀를 거부하겠는가?

마릴린 먼로는 첫 번째 남편 딘 마틴과 헤어진 후, 야구계의 황태자 조 디마지오와 1954년에 다시 결혼했다. 하지만 그 결혼은 조 디마지오가 그녀의 연예활동을 반대하는 등 우여곡절을 겪은 끝에 그 해에 이혼으로 끝나고 말았다. 1956년 6월 29일, 그녀는 다시 세계적인 연극작가인 아서 밀러와 결혼했다. 그러나 '정신과 육체의 만남' 이라고 떠들썩했던 두 사람의 결혼생활은 1년이 채 못되어 파국을 맞았다.

그 후 유명인사들이 먼로에게 접근해 왔고 그녀는 자의든 타의든 아슬아슬한 애정행각을 벌였다. 그 중에는 존 F. 케네디 대통령과 그의 친동생 로버트 케네디와도 관계를 가진 사실이 밝혀져 정계에 회오리를 몰고 오기도 했다. 또한, 20세기 최고의 과학자인 아인슈타인도 그녀와 뜨거운 잠자리를 즐겼다.

❖ 대통령과의 밀애

마릴린 먼로에게 정신을 빼앗긴 거물이 있었으니 바로 미국의 케네디 대통령이었다. 그녀는 대통령이 자주 사용하던 뉴욕의 한 호텔 근처에 거주하면서 케네디 대통령을 만났다. 물론 그녀가 대통령을 만나는 과정은 복잡했다. 사람들의 시선을 피해야 했으므로 완벽한 변장이 필요했던 것이다.

❖ 케네디 집안과의 악연

시간이 흐를수록 대통령에게 먼로의 존재는 너무나 큰 부담으로 다가왔다. 그러자 할 수 없이 대통령의 친동생인 로버트 케네디가 형을 대신하여 총대를 맸다.

하지만 대통령으로부터 먼로를 떼어놓기 위해 노력하던 로버트 케네디도 그녀의 활활 타오르는 섹스어필을 피할 수 없었다. 이윽고 먼로도 로버트를 진정으로 사랑하게 되었고 그와의 관계가 계속되기를 희망했다.

❖ 고독한 최후

1962년 8월 5일 전 세계 남성들을 뒤흔들었던 섹시 스타 마릴린 먼로의 자살 소식이 신문의 1면을 장식하자 세상은 충격에 빠졌다.

그녀는 자택에서 발가벗은 시체로 발견되었다. 찬란했던 사랑의 퍼레이드를 뒤로 한 채, 진실한 사랑의 결핍이라는 늪에서 헤엄쳐 나오지 못하고 결국 독을 타 마시고 38세의 나이로 쓸쓸하게 죽은 것이다.

그녀의 죽음을 가장 슬퍼한 사람은 야구계의 황태자 조 디마지오였다. 그는 먼로와 1년도 채 같이 못 살았지만 평생토록 그녀의 무덤에 정기적으로 꽃을 가져다 놓았다.

❖ 의문의 죽음은 먼로의 협박 때문?

먼로의 스캔들이 눈덩이처럼 불어나자 가장 당황한 사람은 케네디 대통령과 그의 동생이자 법무장관이었던 로버트였다. 이제 그들은 먼로와의 관계를 확실하게 단절해야만 했다. 그러나 먼로는 집요하게 로버트와의 관계를 계속 물고 늘어졌다. 그리고 급기야 로버트가 그녀를 의식적으로 피하자 먼로는 만일 계속 자신을 피한다면 기자 회견을 열어 그때까지 일어난 모든 일들을 폭로하겠다고 로버트를 협박했다.

이런 사실 때문에 먼로가 죽은 시체로 발견되자 그녀의 죽음이 자살이 아니라 타살이라는 의혹이 더욱 커졌다. 먼로가 끈질기게 로버트를 물고 늘어지자 죽여버린 게 아닌가 하는 것이다.

❖ 은폐 공작의 징후

그녀의 죽음은 자살일까 살인일까?

사건 직후 최초로 도착한 경찰은 이렇게 주장했다.

"그녀는 분명 살해된 것이다!"

또한, 검시 보고서에 사인한 부 검시관도 나중에 이렇게 강력하게 주장했다.

"이건 분명 계획된 범죄다! 해부 결과도, 자료도, 그녀가 쓴 노트도 없어져 버렸다. 그러나 할 수 없었지, 사인하라는데 어떻게 한단 말인가?"

먼로에 대한 타살 의혹에서 제기된 가장 강력한 설 중 하나는 국가비밀기관이 대통령 형제를 스캔들에서 보호하기 위해 죽였다는 것과, 또 한 가지는 정권 교체를 노리는 집단이 대통령 형제에게 죄를 전가시키기 위하여 역공작으로 그녀를 죽였다는 설 등이다. 하지만 먼로의 죽음에 관한 의혹은 아직도 풀리지 않았다. 죽은 자는 영원히 말이 없는 법이다.

❖ 식지 않는 먼로 신드롬

스캔들의 여왕 마릴린 먼로의 인기는 그녀가 세상을 떠난 지 오랜 시간이
흘렀지만 식을 줄 모르고 오히려 더 높아져갔다. 그녀에 관해 쓴 전기만 해
도 전 세계적으로 100여 권 이상이나 출판되었다.

지금까지 세계 영화계에 수많은 스타들이 생겨났다 사라졌지만 그녀처럼
신비롭고 사랑스런 존재로 남은 여배우는 없다.

4장

성(性)스러운 예술가들

Leonardo da Vinci 1452~1519

인류 최고의 팔방미인 예술가

레오나르도 다 빈치

❖ 양손잡이 천재

너무 지나치게 잘하는 사람을 보면 얄밉다는 생각이 들기도 한다. 레오나르도 다 빈치가 바로 그런 사람이었다. 그를 깊숙이 들여다보면 〈모나리자〉를 그린 천재화가로만 불리기에는 너무 넘치는 사람이었다. 건축가, 물리학자, 광학 기계 제조가, 해부학자, 군수품 제조 기술자, 악기 제작자, 그리고 생물학자까지 그는 무엇이든 가능한 팔방미인이었다. 오히려 화가로서의 유산은 열 개가 조금 넘을 뿐이다. 물론 왼손으로 글을 쓰면서 오른손으로 그림을 그렸을 정도라고 하니 그의 재주는 정말 대단했던 것이 틀림없다.

❖ 아주 인색한 구두쇠

참으로 징그럽게 잘난 인간, 레오나르도 다 빈치. 그

레오나르도 다 빈치

이탈리아 출신의 화가 · 조각가 · 건축가. 천재적인 머리로 수학과 음악 그리고 회화 등 각 분야에서 그 천재성을 인정받았다. 작품으로는 〈모나리자〉, 〈최후의만찬〉 등이 있다.

는 자신의 천재성을 잘 살려 당대 최고의 부자가 되었다. 그는 돈 관리에도 그 천재성을 발휘했다.

그는 항상 자신의 수입과 지출을 정확히 기록하였고, 아버지가 죽기 전후에는 재산상속 문제로 형제들과 피 말리는 다툼을 벌였다. 또한, 그림을 그릴 때도 한 푼이라도 더 좋은 대우를 해 주는 상대가 나타나면 뒤도 돌아보지 않고 그곳으로 달려갔다.

❖ 기상천외한 발상

다 빈치의 상상력은 끝이 없었다. 현재까지 전해지는 그의 스케치북 속에는 여러 가지 발명품을 구상한 그림 외에 괴상한 그림들이 많다.

그의 엉뚱함의 극치는 남성의 페니스를 폐와 연결시켜 페니스가 발기할 때 폐가 강한 펌프작용을 하는 모습을 보여주는 의미심장한 그림 속에 잘 나타난다.

❖ 〈모나리자〉는 초상화다

어느 날 부유한 프로렌틴의 한 상인이 다 빈치에게 찾아와 자기 아내인 엘리자베타의 초상화를 그려달라고 부탁했다. 다 빈치는 엘리자베타의 미모에 감탄하여 온 정성을 다해 그녀의 초상화를 그렸는데 그 그림이 바로 유명한 〈모나리자〉이다.

'모나리자'는 이탈리아어로, 유부녀라는 뜻의 '모나'와 엘리자베타의 약칭인 '리자'가 결합되어 붙여진 이름이었다.

❖ 〈모나리자〉 도난 사건

"1911년 8월 21일, 바람과 함께 사라진 〈모나리자〉!"

세계 최고의 유화인 〈모나리자〉가 도난을 당한 적이 있었다. 이 역사적인 걸작을 찾기 위해 대대적인 수사가 시작되었다. 약 2년 반 동안 무려 2만 명이 넘는 용의자가 심문을 받았는데 그 중에는 20세기 최고의 화가 피카소도 끼여 있었다.

이 사건은 실마리도 찾지 못한 채 미궁에 빠졌다가 1913년 12월 12일에야 해결되었다. 범인은 루브르 박물관에서 근무하던 페인트공이었는데 명화 수집상에게 이 대작을 팔기 위해 나타났다가 덜미를 잡혔다.

그 후부터 〈모나리자〉는 특별히 방탄 유리 속에서 보호를 받고 있다.

❖ 다 빈치는 동성애자였다

〈모나리자〉의 황홀한 미소에 사람들은 감탄해마지 않았다. 하지만 다 빈치는 이 미소 때문에 '호모' 라는 소리를 들어야 했다.

그림이 완성된 후부터 〈모나리자〉의 모델은 여성이 아니라 미소년이고 그가 다 빈치의 제자였으며, 두 사람이 서로 동성애를 즐겼다는 설이 꼬리에 꼬리를 물고 따라다녔다.

❖ 콘텍트 렌즈 발명

안경이 먼저 발명되었을까 아니면 콘텍트 렌즈가 먼저 발명되었을까?

믿지 못하겠지만 콘택트 렌즈가 먼저 세상에 태어난 것이 엄연한 사실이다.

그렇다면 언제 누가 그것을 발명했을까?

1508년 콘택트 렌즈를 발명한 장본인은 바로 레오나르도 다 빈치였다. 그는 인류 최고의 팔방미인이라는 명성에 걸맞게 신상품 발명에도 일조를 한 것이다.

✤ 자전거 그림 소동

1974년 다빈치의 스케치북에서 체인과 페달까지 갖춘 자전거 그림이 발견되었다. 그래서 자전거의 최초 발상 또한 다 빈치의 공이라고 떠들썩했던 적이 있었다. 그러나 이것은 1960년대에 그의 필사본 복원 작업이 이루어질 때 누군가가 자전거를 고의로 그려 넣은 사실이 밝혀졌다.

그런 소동 끝에 1800년 초 독일의 드라이스 남작이 만든 페달 없는 나무 자전거가 최초의 자전거임이 다시 한번 확인되었다.

미켈란젤로

이탈리아의 화가 · 조각가 ·
건축가이자 시인으로, 르네상
스의 전성기를 이끌었다. 〈최
후의 심판〉, 〈다비드〉 등 유
명한 작품을 남겼다.

일을 사랑한 정열의 화신

미켈란젤로

✤ 위대한 시인

대부분의 사람들은 미켈란젤로를 르네상스를 이끈
화가, 조각가, 건축가로만 기억한다. 그를 좀 안다고
자랑하는 사람이라면 그가 과학자였다는 사실도 알
고 있을 것이다.

하지만 그가 위대한 시인 중 한 사람이라는 것을 아
는 사람은 매우 드물다. 그는 르네상스 시대를 노래
한 시인이었다. 그가 남긴 200편의 시는 많은 시민들
의 사랑을 받았고, 앞으로 더 많은 사랑을 받을 게 분
명하다.

✤ 외모 콤플렉스

인체의 아름다움을 완벽하게 표현한 조각가 미켈란
젤로. 하지만 자신은 평생 외모 콤플렉스에 시달렸

다. 어린 시절 친구에게 입은 코의 상처 때문에 평생 독신으로 살았던 그는 편협하고 옹졸한 사람이 되었다.

그러나 한편으로 그 열등감은 미켈란젤로의 조각품이 아름다운 인체를 생명력 넘치게 표출해 내는 데 정열을 쏟아 부었던 원동력이 되었다.

✣ 정열의 화신

일을 너무나 사랑한 정열의 할아버지 미켈란젤로. 그의 나이 87살, 남들은 생을 마감할 나이에 그는 일생에 있어서 가장 위대한 작품을 완성하는 등 89세의 생애 중에서 무려 74년을 작품 활동에 몰두했다.

"일을 너무나 사랑한 정열의 할아버지!"

죽을 때까지 예술의 열정을 포기하지 않았던 그에게 너무나 잘 어울리는 닉네임인 것 같다.

✣ 미술사를 바꾼 라이벌 경쟁

레오나르도 다빈치, 라파엘로, 미켈란젤로는 르네상스 시대를 이끈 세 거장이다. 그들은 서로를 경쟁자로 여기며 으르렁거렸다. 그러나 그들이 서로를 라이벌로 여기며 상대를 이기려고 노력한 결과 르네상스의 꽃이 활짝 필 수 있었다.

어느 날 미켈란젤로와 그의 영원한 라이벌 라파엘로가 만났다. 그 자리에서 라파엘로를 따르는 많은 추종자들을 보고 미켈란젤로가 의미심장한 한마디를 내뱉었다.

"자네 주변 사람들은 자네를 위하는 건가, 감시를 하는 건가? 마치 사형수 같군, 감시인이 많이 붙어 있으니!"

이에 질세라 라파엘로도 그에게 독설을 풀었다.

"당신은 언제나 도망자 같군요. 혼자 쓸쓸하게 걷고 있으니!"

이처럼 상대방의 정곡을 찌르는 라파엘로의 조크는 유명했다. 어느 날 성직자 신분임에도 불구하고 여자를 무척이나 밝히던 한 대사제가 라파엘로를 찾아왔다. 그는 그림에 대해서 전혀 문외한이면서도 미켈란젤로 등 세 거장의 미술 작품을 비난하고 다니는 사람이었다.

"뭐야! 이 그림은 왜 이리 형편없는 거야! 어라, 이번엔 얼굴이 약간 빨간 것 같은데……."

그러자 라파엘로가 점잖게 한마디했다.

"당신 같은 사람이 대사제가 되었다는 사실을 몹시 부끄러워하는 것 같습니다."

렘브란트

Rembrandt Harmenszoon van Rijn 1606~1669

❖ 위대한 빈털터리 화가

한 위대한 화가가 죽고 난 뒤에 명성을 되찾았다. 빛의 화가라고 불리는 렘브란트가 바로 그 주인공. 렘브란트는 1,500점 이상의 그림을 남겼음에도 불구하고 평생을 가난하게 살았고 죽어서는 장례비조차 없었다.

그러나 렘브란트가 죽자마자 그의 작품은 진가를 인정받기 시작했고, 오늘날 그의 작품이라고 확인되면 2백만 달러 이상 거래된다. 죽은 뒤 치솟은 렘브란트의 그림 값은 누구를 위한 것인가?

❖ 당장 그림을 시작하라!

젊은 화가 지망생이 렘브란트에게 찾아와 조언을 구했다.

렘브란트

네덜란드의 화가·동판화가. 그의 작품은 빛의 효과에 있어서 색채 및 명암의 대조를 강조함으로써 자신만의 독특한 회화적 효과를 올리며 '근대적 명암의 원조'라고 불렸다.

"어떻게 하면 선생님같이 그림을 잘 그릴 수 있습니까?"

그는 조용히 질문을 듣고 나서 이렇게 대답했다.

"먼저 그림을 시작하는 것이지요!"

무슨 말인지 몰라 의아해 하는 젊은이에게 렘브란트는 다시 한번 말했다.

"어떻게 그릴 것인가 고민하지 말고 지금 당장 시작하는 것이 중요합니다. 손에 붓을 들고 시작하면 길이 열리지요!"

❖ 화실에서 일어난 소동

렘브란트의 한 제자가 애인과 사랑을 나누기 위하여 화실로 들어가다가 동료에게 발각되었다. 그는 애인을 자신의 누드 모델이라고 소개한 뒤 태연하게 화실로 들어갔다. 친구들이 호기심에 창문으로 화실 안을 들여다보고 있을 때 마침 렘브란트가 그곳을 지나가게 되었다.

아니나 다를까, 두 사람은 화실 한 구석에서 서로의 옷을 모두 벗기는 것이 아닌가? 그 제자의 흥분된 목소리가 밖으로 흘러나왔다.

"드디어 우리는 아담과 이브가 되었군!"

그러자 렘브란트는 기다렸다는 듯이 소리를 버럭 질렀다.

"아담과 이브라구? 아주 좋군. 그렇다면 어서 썩 밖으로 나오지 못해! 죄를 지었으니 이제 빨리 에덴 동산을 떠나야지!"

❖ 밀로셰비치를 구한 그림

1999년 NATO(북대서양조약기구)군이 유고의 수도 베오그라드에 대한 공습을 강화하면서 슬로보단 밀로셰비치(Milosevic Slobodan) 유고 대통령이 거주하는 대통령궁은 폭격 대상에서 제외한 것으로 알려졌다. 그런데 그 이유가 너무

뜻밖이어서 놀라지 않을 수 없다.

바로 렘브란트의 그림이 유고 왕궁에 걸려 있었기 때문이었다. '예술을 사랑하는' 유럽회원국들이 특히 렘브란트의 걸작을 거론하며 공습에 반대했다는 것이다. 위대한 미술작품이 만들어낸 꿈 같은 이야기였다.

Mozart, Wolfgang Arradeus 1756~1791

모차르트

❖ 단명한 천재 작곡가

모차르트를 천재라고 부르는 이유는?

먼저 그는 3살 때 합시코드를 연주하기 시작했다. 그리고 5살에 합시코드를 위한 2개의 미뉴에트를 작곡했다. 7살에는 소나타를 완성하여 사람들의 탄성을 자아냈고 8살에는 교향곡을 완성했다.

하지만 그는 너무 이른 나이인 35세에 생을 마감했다. 더구나 운명의 장난처럼, '죽은 사람들을 위한 곡(미사곡)'을 작곡하다가 죽었다.

모차르트

오스트리아의 작곡가. 그는 당시의 다양한 음악 양식을 흡수하여, 자신의 개성과 심오한 음악적 특성을 반영하여 독일 고전주의 음악의 정수를 표현함으로써 후세에 결정적인 영향을 끼쳤다.

❖ 무형의 조미료가 된 음악

모차르트는 어디에 있든지 좋은 악상이 떠오르면 즉석에서 작곡을 했는데 특히 당구를 치면서 많은 영감을 떠올렸다고 한다.

그의 음악이 얼마나 감미롭고 아름다운지, 지금도 스위스에서는 맛있는 포도주를 만들기 위해 모차르트의 음악을 틀어놓고 포도주를 숙성시키는 곳이 많다고 한다.

✤ 아내의 사랑을 받지 못한 애처가

모차르트는 아내 콘스탄체를 누구보다도 사랑했다. 그의 유명한 오페라 〈후궁에게서의 도주〉의 주인공도 아내의 이름을 따서 그대로 붙인 것이다.
눈에 콩깍지가 덮였는지 투박스럽고 자기만 아는 이기주의자였던 콘스탄체에게 모차르트는 늘 입버릇처럼 이렇게 고백했다.
"당신을 위해서라면 나는 무엇이든지 할 수 있어!"
그러나 그녀는 모차르트를 사랑하지 않았다.

✤ 비참한 장례식

모차르트는 죽은 후 장례 비용이 없어서 공동묘지에 묻혔다. 더구나 그의 아내 콘스탄체는 몸이 아프다는 핑계로 장지에 따라가지도 않았고 그나마 그의 묘지에 동행한 사람은 시신을 묻을 인부들뿐이었다.

✤ 유골이 없는 빈 무덤

모차르트의 불행은 비참했던 장례식으로 끝나지 않았다. 그의 사후에 모차르트의 천재성을 깨달은 많은 사람들이 그의 유골만이라도 찾으려고 했지만 찾을 수가 없었다.
지금도 모차르트의 무덤은 유골이 없는 빈 상태로 방문객들을 맞고 있다.

❖ 돈이 뭐 길래

콘스탄체는 남편 모차르트가 죽은 지 얼마 후 덴마크 출신의 한 남자와 재혼했다. 그리고 전 남편 모차르트가 유명해지자 그와의 이야기를 책으로 출판해 많은 돈을 벌었다.

일찍 죽은 모차르트만 여러 가지로 억울할 뿐이다.

❖ 모차르트는 고소득자였다

모차르트는 결코 가난하지 않았다. 그의 수입 내역을 살펴보자.

1. 피아노 교습비 : 시간당 2굴덴(모차르트의 하녀 1년치 임금과 같다.)

2. 공식적인 피아노 연주비 : 1회당 1,000굴덴(1년×6회)

3. 기타 수입 : 3,000굴덴

어떤가? 모차르트는 그 시대에 정말 잘 나가는 부자였다. 그럼에도 불구하고 장례 비용조차 없이 비참한 최후를 맞은 이유는 무엇일까? 모차르트 부부의 씀씀이를 알고 나면 그 의문이 풀린다.

1. 집에는 개인 요리사와 하녀, 미용사를 두었다.

2. 카드 도박에 빠졌다.

3. 내기 당구를 즐겼다(하지만 모차르트의 당구 실력은 형편없었다).

베토벤

Beethoven, Ludwig van 1770~1827

❖ 재능이 없으니 포기하라!

위대한 음악가는 타고나는 것일까 아니면 노력에 의해 만들어지는 것일까?

음악의 신성, 베토벤은 대기만성형이었다. 그는 일찍이 주위의 음악인들로부터 작곡가로서 성공할 가망이 없다는 사형선고를 받았다. 심지어 그 당시 최고의 음악가였던 하이든조차 베토벤의 음악성을 인정하지 않았다.

그러나 그는 역사상 최고의 작곡가로 불리며 세계 음악사에 영원한 태양이 되었다.

❖ 매독을 지닌 채 독신으로 살다

베토벤의 웅장하고 아름다운 음악작품에 큰 수치를 남긴 것은 그의 문란했던 사생활, 매독 때문이었다.

베토벤

독일의 작곡가. 고전파 · 낭만파 음악의 창시자. 교향곡 〈전원〉, 〈영웅〉을 비롯하여 오페라, 협주고 등 다수의 명곡을 남기며 역사상 최고의 작곡가로 평가받고 있다.

위대한 작곡가라는 화려한 외투가 그의 수치를 가려줄 수는 있었지만 독신 생활로 얻은 고독은 항상 그를 괴롭혔다.

✥ 괴팍한 작곡가의 일기

다음은 까다롭고 괴팍하기로 소문난 베토벤의 일기 중 한 부분이다.

- 4월 17일 – 친구 소개로 다시 가정부가 왔다.
- 5월 16일 – 가정부에게 경고를 주었다.
- 5월 19일 – 가정부가 떠났다.
- 7월 1일 – 새 가정부가 들어왔다. 얼마나 버틸까?
- 7월 28일 – 새 가정부가 말없이 달아났다.

✥ 귀머거리 작곡가

베토벤은 32세부터 귀가 들리지 않게 되었지만 시련에 굴하지 않고 전보다도 더 멋진 작품을 발표했다. 40대 중반부터는 완전히 들을 수 없는 귀머거리가 되었지만 마치 음악가의 고난이 위대한 작품을 만든다는 것을 몸소 보여주듯 그의 작품 대부분은 중년 이후에 작곡되었다.

하지만 베토벤은 살아 생전에 귀머거리 작곡가라는 이유로 많은 수난을 당했는데 영국에서는 베토벤의 연주회를 아예 거부하기도 했다.

✥ 80번이나 이사하다

베토벤이 작곡한 음악들이 큰 인기를 끌며 작품 값이 하늘 높은 줄 모르고 치솟자 악보를 훔치려는 사람들이 그를 괴롭히기 시작했다. 그는 악보 도둑을 피해 자주 이사를 다녔는데 어떤 기록에 의하면 80번이나 몰래 이사를 했다고 한다. 물론 그의 괴팍한 성격도 습관적인 이사에 한몫 거들었다.

❖ 〈영웅 교향곡〉의 운명

나폴레옹을 너무나 존경했던 베토벤. 그는 나폴레옹이 진정한 자유와 평등을 실현하는 시민의 대표자라고 생각했다. 그가 위대한 지배자 나폴레옹에게 헌사하기 위해 쓴 곡이 바로 〈영웅 교향곡〉이다. 〈영웅 교향곡〉은 베토벤의 필생의 대작이었다.

그러나 1804년 12월, 인민투표로 나폴레옹이 황제에 즉위하자 이 소식을 들은 베토벤은 〈영웅 교향곡〉의 악보에 펜을 던지고, "인민의 주권자도 역시 속물이었다."고 한탄하였다.

〈영웅 교향곡〉의 처음 제목은 '보나파르(나폴레옹)'였는데 나폴레옹이 독재자가 되자 이에 분개한 베토벤이 헌사를 포기하고 제목을 '에로이카(영웅)'로 바꾸었다.

❖ 9번째 교향곡의 희생자들

혹시 누군가가 교향곡을 작곡하고 있다면 9번째 교향곡은 제발 완성하지 말도록! 왜냐하면 9번째 교향곡에 얽힌 믿기 어려운 우연 때문이다.

베토벤은 물론이고 드보르자크(Dvorak), 마레(Marais) 등은 모두 자신의 9번째 교향곡을 완성하고 10번째 교향곡을 작곡하기 전에 죽었다. 우연일까 아니면 작곡가들의 운명일까?

Schubert, Franz Peter 1797~1828

슈베르트

❖ 자기 작품을 기억하지 못하는 작곡가

'잘될 나무는 떡잎부터 알아본다'는 속담은 바로 슈베르트를 두고 한 말이다. 그는 11세 때부터 남들에게 인정받는 작품을 작곡한 천재였다.

이렇게 어릴 때부터 작곡을 시작한 슈베르트는 일생 동안 너무나 많은 곡을 작곡하였기 때문에 자신의 작품을 모두 기억하지 못했다. 자신이 작곡한 작품인 줄도 모른 채 혹평을 가한 적도 있다니 더 이상 말해 무엇하겠는가?

❖ 안경을 낀 채 잠들다

무언가에 열중한다는 것은 참으로 아름답다. 슈베르트는 하루에도 8곡을 작곡할 정도로 음악에 대단한 정열을 보였다. 그는 자다가도 악상이 떠오르면 곧바

슈베르트

오스트리아의 작곡가로 근대 독일 가곡의 창시자. 낭만파 음악의 최고봉으로 불렸다. 그는 약 650곡의 가곡을 비롯하여 교향곡 · 실내악 · 피아노곡 등 1,200곡의 작품을 남겼다.

로 작곡을 할 수 있도록 안경을 벗지 않고 잠을 잘 정도였다.

이러한 음악적 열정이 슈베르트라는 위대한 음악가를 만든 원동력이었고 사람들은 그의 음악을 좋아할 수밖에 없었다.

❖ 매너 없는 추남

아름다운 선율이 흐르는 작품으로 유명한 슈베르트. 거기에 더하여 잘생긴 용모를 가졌다면 금상첨화였겠지만 신은 불행히도 그를 추남으로 만들어 놓았다.

더구나 슈베르트는 매너와도 담을 쌓아 주위 사람들과의 관계도 별로 좋지 못했다고 한다.

❖ 기타로 작곡하다

슈베르트가 처음 작곡을 시작했을 때 많은 사람들이 그의 음악을 인정해 주지 않았기 때문에 그는 늘 가난했다. 작곡가에게 꼭 필요한 피아노를 살 돈이 없어서 기타로 작곡을 할 정도였다. 딱히 작곡하는 것 말고는 할 줄 아는 게 하나도 없었던 그는 평생을 가난과 함께 살았다.

그러나 슈베르트가 가난했다는 것은 조금 불편할 뿐이었지 천재적인 음악성을 막지는 못했다.

❖ 아름다운 물방앗간의 뒷모습

매독과 순애보! 이처럼 극단적으로 어울리지 않는 두 얼굴이 슈베르트의 진짜 모습이었다.

슈베르트는 〈아름다운 물방앗간의 처녀〉에서 젊은이들의 순애보를 노래했다. 그러나 이렇게 아름다운 사랑을 노래한 작곡가답지 않게 슈베르트는 매독으로 고생했다. 이 작품 또한 그가 매독에 걸려 고통을 당하던 중에 작곡되었다.

❖ 돼지에게 걸어준 진주목걸이

예술가들이 살아 있을 때 자신의 작품을 인정받는 것은 참으로 어려운 일인 듯하다. 유명 예술가들이 그러했듯이 슈베르트도 가장 왕성한 작품을 남길 때 가장 주목받지 못했다. 당시의 많은 음악가와 평론가들은 슈베르트의 작품은 철저히 무시했다.

슈베르트가 작곡한 심포니 6번은 프랑스와 영국에서 연주되지도 못했다. 그의 작품이 인정받기까지 무려 30년이라는 세월이 필요했다.

Chaikovskii, Pyotr Ilich 1840~1893

차이코프스키

❖ 잔인한 결혼

차이코프스키는 자신의 제자였던 미류코바라는 여성과 결혼했다. 그러나 그의 결혼 동기는 너무 잔인했다. 차이코프스키는 동성애자였는데 여성과 결혼함으로써 동성애에서 영원히 해방되리라 기대했던 것이다. 그 희생양이 바로 미류코바였다.

❖ 억울한 제자의 죽음

결혼 후 차이코프스키의 기대는 철저하게 무너졌다. 아내가 생겼지만 오히려 동성애의 충동은 커져만 갔고 아내를 멀리하게 되었다. 결국 미류코바는 차이코프스키에게 쫓겨나다시피 하며 이혼을 당하고 말았다.

순진한 미류코바는 그토록 사랑했던 스승 차이코프스키와의 결혼 파탄으로 고통을 받다가 성을 탐닉하

차이코프스키

러시아 음악가. 그의 음악적 감수성은 숙명적으로 염세적인 성향을 가졌고, 교묘한 악기 편성에 의하여 청중의 공명을 이끌었다. 풍부한 국제성과 선율미로 음악 사상 중요한 위치를 점령, 러시아악파 중 가장 환영을 받았다.

159

게 되었고 수많은 남자들을 사귀며 사생아까지 낳았다. 얼마 후에 그녀는 우울증과 정신분열을 일으켜 정신병자들이 모인 수용소에 갇혔다가 그곳에서 죽었다.

❖ 시대의 독버섯 동성애

그 당시 러시아에는 상류사회를 중심으로 동성애가 상당히 널리 퍼져 있었다. 러시아는 물론 전 유럽이 동성애라는 전염병으로 골치를 앓았고, 동성애자들은 사회는 물론 가족들에게서조차 '가장 더러운 죄악'으로 심판을 받았다.

이러한 상황에서 차이코프스키 또한 동성애로부터 벗어나려고 몸부림쳤지만 동성애는 집요하게 그를 괴롭혔다. 그는 자신이 동성애자라는 사실로 인해 평생 우울증과 자기 혐오, 신경쇠약 등으로 고통을 당해야만 했다.

❖ 작품과 동떨어진 삶

차이코프스키의 작품으로는 〈백조의 호수〉, 〈호두까기인형〉 등 오늘날 우리들이 즐겨듣는 곡들이 많다.

하지만 여제자이자 아내였던 미류코바의 억울한 죽음을 알고 나서 그 곡들을 다시 들어보면 아름다운 작품들과 너무 멀리 동떨어진 차이코프스키의 이중적인 삶에 배반감이 밀려올 것이다.

❖ 위험한 음악회

차이코프스키의 서곡은 전통적으로 대포와 총소리를 함께 넣어서 연주하면 더욱 웅장하게 연출되었다.

어느 날 애틀랜타에서 연주회를 열게 되었다. 그날 지휘자는 실감 있는 연주를 위해 간단한 폭발장치를 만들어 터트렸는데, 갑자기 커다란 폭음과 함께 시커먼 연기가 연주회장 안을 가득 메웠다. 곧이어 화재 경보가 울렸고 관객들이 우왕좌왕하는 가운데 급기야 소방차까지 긴급 출동을 하게 되었다. 이 위험한 음악회는 그렇게 어처구니없이 막을 내렸다.

Gauguin, Eugene Henri Paul 1848~1903

고갱

프랑스의 화가. 파리에서 출생. 세잔·고흐 등과 함께 후기 인상파를 꽃피웠다. 주요 작품으로는 〈몽상〉, 〈타히티의 여자들〉 등이 있다.

빵점 가장, 만점 화가의 일생

고갱

❖ 전직은 증권 브로커

폴 고갱은 다양한 직업을 경험했다. 파나마 운하의 건설노동자로 가면 많은 일당을 받는다고 해서 그곳에서 하루에 12시간 이상 일을 했다. 그러나 모기로 인한 전염병(황열병)이 퍼져 많은 노동자들이 목숨을 잃자 그만 두었다.

또한, 증권 거래소에서 일하기도 했다. 그는 중개수수료를 챙기는 증권 브로커가 되어 경제적으로 안정을 찾게 되었다. 하지만 진정한 행복을 느낄 수 없었다.

그러던 중 그는 35세의 늦은 나이로 과감한 결단을 내렸다. 모든 것을 버리고 평소에 꿈꾸던 화가가 되기로 결심한 것이다.

❖ 가족을 버린 화가

예술가는 평범하게 살 수 없는 것일까?

고갱이 화가가 되기로 결심한 후 제일 먼저 한 일은 사랑하는 가족을 내팽 개쳐 버린 것이었다. 그러나 가족까지 버리고 이곳저곳 돌아다니며 열심히 그린 그림들은 단 한 점도 팔리지 않았다. 이 일로 충격을 받은 그는 화가의 생활을 비관하여 깊은 정글 속으로 들어가 자살을 기도했지만 실패했다. 이 제 그에게 남은 것은 아무 것도 없었다.

❖ 악마로 불리다

호랑이는 죽어서 가죽을 남긴다. 그렇다면 고갱이 남긴 것은 무엇일까?

고갱은 말년에 가난과 병마와 외로움으로 고통을 당하다가 1903년 사망했 다. 그는 죽고 나서도 사람들에게 인정을 받지 못했다. 그 당시 한 성직자는 고갱을 두고 이런 글을 썼다.

"고갱! 그는 바로 악마였다. 재능 있는 화가일지는 모르지만 그는 신의 적이 며, 악의 화신이다."

❖ 하늘로 치솟는 그림 값

화가는 죽어도 그림은 남는다. 마치 고갱이 죽기를 기다렸다는 듯이 그가 남긴 그림들은 하늘 높은 줄 모르고 값이 치솟기 시작했다. 그의 유화 작품 〈기타 치는 사람〉은 1980년 런던에서 38만 프랑크에 경매되었다.

지금도 전 세계의 미술품 수집가들은 그의 작품을 구하려고 혈안이 되어 있 다. 하지만 고갱이 죽은 다음에 그것이 다 무슨 소용이 있을까?

Gogh, Vincent van 1853~1890

자화상을 즐겨 그린 가난뱅이 화가

고흐

❖ 빈센트라는 이름

우연의 일치가 고흐의 불행을 몰고 왔다. 1853년, 하 필이면 1년 전에 죽은 형과 같은 날 고흐는 태어났다. 그의 아버지는 죽은 아들이 다시 태어났다고 생각하 고 고흐에게 죽은 형과 같은 빈센트라는 이름을 지어 주었다.

그럼에도 불구하고 그는 사랑을 받지 못했다. 그의 성격은 점점 비뚤어져 갔고 사회에 잘 적응하지도 못 했다. 고흐는 서서히 광인으로 변해갔다.

❖ 그림 판매원으로 일하다

고흐는 10대 때 그림 판매점에서 일했다. 그런데 그 는 손님의 의견은 무시하고 자신이 원하는 고가의 작 품을 팔려고 억지를 부렸다. 그는 그때까지 예술 작

고흐

네덜란드의 화가. 후기 인상파 의 최고봉으로 말년에 환각 증 상에 시달리다가 1890년 7월 권총 자살로 생을 마감했다. 대 표작으로서는 〈사이프러스〉, 〈해바라기〉 등이 있다.

품에 대해 전혀 문외한이었다. 화랑 주인에게 당당하게 이렇게 말했다.

"화랑이란 화가에게 아주 싼값으로 그림을 사서 손님에게 비싼 가격에 파는 곳입니다."

결국 그는 그곳에 적응하지 못하고 쫓겨났다. 고흐는 평생 어느 누구와도, 어떤 사회와도 조화를 이루지 못하고 살았다.

❖ 성직자 고흐

반 고흐가 성직자였다는 것을 알고 있는 사람이 얼마나 될까?

고흐는 젊은 시절 정말 어울리지 않게 목사였던 부친의 뒤를 이어 광산촌의 성직자가 되었다. 그리고 한때나마 아주 열심히 광산촌을 위해서 선교 활동을 벌였다. 하지만 얼마 안 가서 그의 의지와는 다르게 해고되었다.

❖ 가난뱅이 화가

고흐는 살집도 먹을 것도 없는 가난뱅이였다.

그래도 그는 고갱보다는 나았다. 고갱은 살아 생전 단 한 점의 그림도 팔지 못했지만 고흐는 그래도 한 점을 84달러에 팔았다.

그는 지독한 가난에도 불구하고 위대한 예술가답게 숨을 거두기 전까지 열정과 끊이지 않는 창의력으로 엄청난 그림을 그렸다.

❖ 손을 태우는 사나이

고흐의 첫 사랑은 사촌이었던 케였다. 그가 청혼을 하였지만 가난한 집안에다 비뚤어진 성격을 알고 있었던 그녀는 단호하게 거절했다.

이튿날 다시 케의 집으로 찾아갔지만 아무리 기다려도 그녀가 나오지 않았다. 그러자 화가 난 고흐는 불타는 화로에 한쪽 손을 집어넣고 소리쳤다.

"이렇게 하고 있는 동안만이라도 좋으니 케를 만나게 해 주십시오!"

놀란 가족들이 달려나와서 화로를 껐지만 고흐는 화상을 심하게 입고 말았다.

❖ 귀를 자른 사나이

1888년 말에 고흐는 고갱과 함께 그림을 그렸다. 그러나 두 사람 모두 워낙 괴팍한 사람들이었고 원래 성격이 맞지 않기에 자주 다툼이 일어났다.

어느 날 그는 고갱과 큰 싸움을 한 다음 울분을 이기지 못하고 자기의 왼쪽 귀를 잘라서 봉투에 넣어 자기가 좋아하는 창녀에게 주었다. 피투성이가 된 귀를 본 그녀는 기절했다.

❖ 천재 화가의 자살

화가로서의 천재성뿐만 아니라 자기 스스로를 괴롭히는 데도 천부적인 소질을 가졌던 고흐. 그는 정신착란 증세를 보이며 주기적인 광기 발작으로 고통을 당했고, 최후에는 퇴비더미가 쌓인 농장의 후미진 구석에서 배를 찔러 자살했다.

37세의 젊은 나이로 천재 화가는 그렇게 최후를 맞이했다.

❖ 역사상 가장 비싼 그림

1890년 고흐는 자살하기 몇 주 전에 그림 한 점을 그렸다. 불안정한 자세를 취하고 있는 의사의 모습을 그린 그림이었다. 이 그림은 1990년 5월 뉴욕의 크리스티 경매장에서 일본인 사업가에게 8,250만 달러에 팔렸다.

평범하지 않는 인생 역정 속에서 결국 자살로 생을 마감했던 천재 화가 고흐. 그는 역사상 가장 비싼 그림을 남기고 사라졌다.

❖ 자화상에 얽힌 비밀

고흐는 특이하게도 〈자화상〉을 많이 남겼다. 아마도 고흐처럼 자신의 모습을 즐겨 그린 화가는 없을 것이다. 그토록 후세에 자신의 모습을 남기고 싶었을까?

하지만 그가 자화상을 즐겨 그린 이유는 다른 데 있었다. 고흐에게는 모델이 되겠다고 자원하는 사람도 없었을 뿐 아니라 설혹 있다고 해도 모델에게 지불할 돈이 없었다. 그런 아픈 사연을 가진 〈자화상〉이 지금은 고흐의 명성을 더욱 빛내주고 있는 것이다.

Toscanini, Arturo 1867~1957

아무거나 마구 던지는 지휘자

토스카니니

토스카니니

이탈리아의 지휘자. 20세기 전반을 대표하는 거장(巨匠)의 한 사람. 그는 명쾌한 리듬 감각과 강렬한 음량 증감법을 효과적으로 구사하여 현대적인 연주 양식을 확립해 놓았다.

❖ 악보는 필요 없다

세계적으로 유명한 오케스트라, 뉴욕필하모닉(New York Philharmonic)의 상임 지휘자이며, 교향곡의 대가로 인정받는 천재적인 지휘자 토스카니니.

그는 악보를 보지 않고 연주하는 지휘자로 널리 알려졌다. 그의 놀라운 암기력과 곡 해석 능력에 수많은 팬들이 열광하였다. 그런데 그가 악보를 모두 암기할 수밖에 없었던 이유가 있었다. 그의 눈은 심한 근시였기 때문에 무대 위에서는 악보가 아무 소용이 없었던 것이다.

❖ 불 같은 성품

화가 나면 자신도 모르는 힘이 생기는 것일까?

어느 날 토스카니니는 치밀어 오르는 화를 누르지 못

하고 뉴욕 카네기홀의 나무 문 하나를 맨 주먹으로 부숴 버렸다. 그 광경을 목격한 팬들은 부서진 나무 조각 중 멋있는 부분을 추려서 기념물로 가져갔다. 토스카니니는 한번 화가 나면 아무 것도 눈에 보이지 않았다.

❖ 연습 시간에만 차는 시계

토스카니니의 불 같은 행동 중 하나는 화가 나면 무엇이든지 집어던져 버리는 것이었다.

한번은 오케스트라 연습 시간에 연주자들이 자신의 뜻대로 따라주지 않자 치밀어오는 화를 참지 못하고 그만 차고 있던 고급 손목시계를 땅바닥에 내팽개쳐 버렸다.

그 일이 있은 지 얼마 후에 열렬한 팬으로부터 선물을 받았는데 열어보니 두 종류의 손목시계가 들어 있었다. 하나는 고급 금시계였고, 다른 하나는 튼튼해 보이는 싸구려 시계였다. 그 싸구려 시계의 케이스에는 다음과 같은 메모가 붙어 있었다.

"꼭 연습시간에만 차세요!"

❖ 지휘자로 변신하기까지

누구에게나 성공의 기회는 찾아오기 마련이다.

토스카니니는 처음 첼리스트로 음악 인생을 시작했다. 그러던 중 어느 날 자신이 소속된 오케스트라의 지휘자가 갑자기 몸이 아파 병원에 입원하게 되는 사건이 일어났다. 연주회를 불과 얼마 남기지 않은 시점이어서 새로운 지휘자를 뽑아 다시 연습한다는 것은 거의 불가능한 상황이었다. 그때 악보를 다 외우고 있었던 토스카니니가 그 지휘자를 대신하여 오페라 극장에서

베르디의 〈아이다〉를 지휘하는 영광을 갖게 되었다.

당시 19세였던 토스카니니는 이를 기회로 '후세에 남는 세계적인 지휘자'
로서의 새 인생을 시작하게 되었다.

❖ 지휘자의 유머

토스카니니가 함부르크의 한 야외 공연장에서 연습을 하고 있었다.

그런데 그날 따라 오케스트라 단원들의 컨디션이 안 좋았던지 연습이 제대
로 이루어지지 않았고 분위기는 엉망이 되었다.

그때 공연장 옆에 묶여 있던 말이 무럭무럭 김을 내며 똥을 싸는 게 아닌가?

모든 단원들이 그 광경을 지켜보고 있을 때 지휘자 토스카니니가 웃으며 한
마디했다.

"오늘 연습은 말(馬)이 최고로 잘했다. 내가 여러분들에게 하고 싶은 표현을
이 말이 아주 정확하게 표현하고 있다!"

카루소

Caruso, Enrico 1873~1921

❖ 점성가는 나의 목자

20세기의 시작을 알렸던 이탈리아의 오페라 가수 카루소. 그는 연약한 심성의 소유자였다. 자신의 삶을 홀로 꾸려 가지 못하고 항상 누군가에게 의지해야 했다. 특히 그는 어떤 일을 하기 전에 반드시 점성가에게 물어본 후 결정하는 충실한 점성술 신봉자였다.

❖ 세계를 사로잡은 목소리

카루소가 세계적인 성악가로 성장할 때까지 그의 피나는 노력은 이루 다 말할 수 없었다. 그는 다양한 분야의 음악인들을 찾아다니며 지도를 받았고 그 노력의 대가는 엄청난 힘을 발휘했다.

이렇게 터득한 폭 넓은 음정과 풍부한 감정 표현은 그의 공연을 찾는 청중들을 매료시키기에 충분했다.

카루소

이탈리아의 성악가. 나폴리에서 출생하여 어릴 때 교회 합창대원으로 활약하고, 18세까지는 직공 생활을 했다. 그 후 1891년부터 롬바르디 등에게서 성악을 배우며 최고의 테너 가수가 되었다.

171

흥분한 팬들은 무대로 뛰어올라 환호했으며 그의 손수건이라든지 옷의 단추 하나라도 기념으로 뜯어 가려고 아우성을 쳤다.

❖ 미래를 달리는 오페라 가수

카루소는 현재에 머물지 않고 미래를 향해 달리고 싶었다. 그는 현재의 인기가 영원히 이어지지 않는다는 것을 알고 있었다. 그래서 생각해 낸 것이 몇 년 전 발명된 레코드였다.

그는 자신의 목소리를 레코드에 담아서 영원히 후손들에게 남기고 싶었다. 결국 그의 뜻이 이루어져 세계 최초로 음반을 내었는데 그것으로 또한 엄청난 인기와 부를 손에 쥘 수 있었다.

❖ 로빈슨 크루소 소동

카루소가 이탈리아 전역을 여행할 때 한 시골 마을에서 길을 잃고 먹을 것도 떨어져 한 농가에 가서 도움을 청하게 되었다. 농부는 친절하게 그를 맞았고 이름을 묻는 그에게 자신이 카루소(Caruso)라고 소개하며 감사의 뜻을 전했다. 그러자 갑자기 그 농부가 흥분하기 시작했다.

"아니 이럴 수가! 당신이 그 유명한 로빈슨 크루소(Robinson Crosby)란 말인가요!"

❖ 몽키 하우스 스캔들

1906년 카루소는 공연을 위해 미국으로 건너갔다. 그는 잠시 여유가 있는 틈을 타서 뉴욕의 한 동물원을 관람하게 되었다.

그러던 중 카루소가 잘 생긴 암컷 원숭이의 엉덩이를 더듬고 귀찮게 했다는 죄목으로 긴급 체포되는 어처구니없는 일이 발생했다. 모든 신문에서 대문

짝만하게 요란한 기사를 실었다.

"몽키 하우스 스캔들!"

"이탈리아의 변태!"

이런 기사가 나가자 그는 외출도 삼가며 숨어 지내야 했다. 이윽고 공연하
는 날이 찾아왔고 그는 겁먹은 표정으로 무대에 올라갔다. 그러나 열광적인
팬들은 기립 박수로 그를 환영했다. 카루소는 팬들의 사랑과 환영으로 다시
용기를 얻어 공연을 성황리에 마칠 수 있었다.

자기 그림을 태워 몸을 녹인 천재화가

피카소

❖ 담배 연기와 피카소

피카소는 그 출생부터 예사롭지 않았다. 모진 진통
끝에 태어났지만 울기는커녕 숨도 제대로 쉬지 않았
다. 그의 가족들은 사산이라고 여겨 그를 내다 버리
려고 했는데 옆에서 담배를 피우며 지켜보던 삼촌이
담배 연기를 신생아의 얼굴에 내뿜었다. 그러자 갑자
기 피카소가 울기 시작하는 것이 아닌가? 20세기 천
재화가 피카소는 이렇게 세상의 빛을 보게 되었다.

❖ 정식 교육을 받지 않은 화가

피카소

프랑스의 입체파 화가. 그는 회
화 · 조각 · 석판 · 도기 등 모
든 미술 영역에서 눈부시게 활
약했다. 그의 조형적인 의욕은
참으로 경찬할 만한 것이었다.

피카소의 아버지는 무명화가였다. 당연히 그의 집안
은 너무 가난해서 그림에 재능을 보였던 피카소였지
만 안타깝게도 정식 미술교육을 받을 수 없었다.

그러던 중 어린 피카소의 예술적 재능을 발견한 아버지

가 그림을 포기하고 미술교사로 직업을 옮겨서 피카소를 밀어주기 시작했다.

✥ 개인 모델과의 밀애

피카소의 명성이 차츰 알려지면서 수많은 여성들이 그의 그림 모델을 자원하고 나섰다. 피카소는 모델로 선택한 여성들과 그림을 그리기 전이나 또는 완성된 후에 반드시 성관계를 가졌다고 한다.

✥ 90세에도 그림을 그리다

그는 노령에도 식지 않은 열정으로 그림을 그렸다. 피카소의 절정기는 87세였고, 90세에도 그림을 그렸으며 일생동안 150,000장 이상의 그림을 그렸다. 전문가들은 피카소의 끊임없는 창의성을 극찬했다.

"그의 작품들은 너무나 환상적이면서도 활기가 넘쳤다."

1973년 피카소는 4개의 개인 창고에 수많은 유품을 남기고 죽었는데 그림이 1,876점, 조각품이 1,355점, 도자기가 2,880점, 스케치와 데생이 11,000점, 부식 동판화가 27,000점이나 되었다. 그 밖에 판화, 석판 인화 등 역대의 어느 화가보다도 많은 작품을 남겼다.

✥ 천재의 괴벽

예술가들은 자신의 작품을 자식 이상으로 귀중히 여기는 경향이 있다고 하는데 피카소는 예외였다. 그는 그림을 그리다 추위를 느끼면 자신이 그린 그림을 태워 몸을 녹였다. 또한 유명해지면서 경제적으로 여유가 생기자 마음에 들지 않는 작품들은 즉시 붓으로 획획 그은 후 쓰레기통 속으로 던져버렸다.

❖ 고가로 팔리는 그림들

피카소의 미술 작품들은 고가로 경매되는 것으로 유명하다. 1986년 프랑스 파리의 한 경매장에서 〈레스 노세스드 피에레프〉는 8,044만 달러에, 1988년 〈곡예사와 어릿광대〉는 38,000,000달러에 팔렸다. 또한, 1989년에는 피카소의 다른 그림 하나가 47,850,000달러에 팔렸다.

❖ 가장 많이 도난 당한 예술작품

피카소의 그림 값이 천정 부지로 치솟자 그의 작품이라고 인증받은 그림은 그 값이 하늘을 날 듯 뛰어올랐다. 그러자 피카소의 미술 작품들은 전문 도둑들의 집중적인 공격대상이 되었는데 전 세계적으로 약 300점이 넘게 도난을 당했다.

Chaplin, Charles Spencer 1889~1977

채플린

❖ 무성영화 시대의 제왕

채플린은 콧수염이 있는 얼굴에 긴 우산을 들고 우스꽝스러운 몸짓을 하는 영화 속 이미지로 세상 사람들에게 기억되고 있다.

그는 매우 뛰어난 희극배우였다. 또한, 80편이 넘는 영화를 제작하였고 고전적 명작에서 폭소를 자아내는 방랑자 등을 연출해낸 명감독이었다. 그는 무성영화 시대의 제왕이라고 해도 손색이 없었다.

❖ 불행한 성장과정

채플린의 어린 시절은 불행했다. 그가 자라온 가정환경은 최악이었다. 알코올 중독에 걸린 아버지와 정신이 온전치 못한 어머니 사이에서 태어난 그는 길거리를 방황하며 고아처럼 자라야 했다.

채플린

영국의 희극 배우 · 감독 겸 제작자. 런던에서 출생하여 도미, 풍자희극으로 유명해졌다. 그의 페이소스와 유머는 토키 시대에 이르러 거장 르네 클레르에게 지대한 영향을 주었다.

177

❖ 하루에 3,000통이 넘는 팬레터

채플린이 인기 절정에 있을 때 그의 영화와 연기를 사랑하는 세계의 수많은 팬들로부터 팬레터가 날아들었고 그가 가는 곳마다 구름처럼 인파가 몰려들어 사인 공세를 받았다. 그가 고향인 런던에 있을 때 어떤 날은 하루에 3천 통이 훨씬 넘는 팬레터를 받은 적도 있다.

❖ 세계 8번째 불가사의

채플린이 평생 자랑거리로 삼은 것이 있었다. 그것은 다른 남성에 비해 유달리 큰 자신의 남성 심벌이었다. 이 때문에 할리우드(Hollywood)에서는 그를 가리켜 '세계 8번째의 불가사의' 라고 평하곤 했다.

❖ 네 번의 결혼

채플린은 평생 4번 결혼하였는데 모두 자신보다 나이가 한참 어린 여성들이었다.

첫 번째 아내의 나이는 16세였고, 두 번째 아내도 16세였다. 세 번째 아내는 그 중 비교적 나이가 많은 24세였고, 네 번째 아내는 18세였다.

그는 언제나 나이 어린 여성만을 좋아했다. 그는 꽃밭에서 이제 막 살짝 핀 상큼한 꽃만을 골라 꺾는 것을 생애 최고의 기쁨으로 여겼다.

❖ 플레이보이의 자랑거리

채플린이 영화 말고 또 한 가지 열중한 일이 있는데 그것은 섹스였다. 그는 섹스에 대하여 이런 위대한 생각을 갖고 있었다.

"섹스는 고상한 예술이다. 하지만 그것이 경지에 오르려면 혹독한 훈련이 필요하다."

채플린의 자랑거리는 유명한 여성들과 관계를 갖은 것이었다. 처칠 수상의 조카딸을 비롯해 유명 여배우들을 애인으로 삼는 등 그의 플레이보이 행진은 끝이 없었다. 또, 단 5분도 쉬지 않고 계속해서 여섯 번까지 승부를 한 것 또한 그의 자랑거리였다.

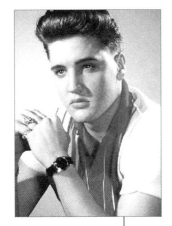

엘비스 프레슬리

Presley, Elvis Aron 1935~1977

❖ 엘비스는 신이었다

신(神)과 동일한 존재로 우뚝 선 로큰롤 가수. 이런 평가를 들을 만한 사람은 이 세상에 엘비스밖에 없다.

엘비스가 무대에서 노래를 시작하면 열광한 팬들은 일제히 무대 위로 돌격하여, 눈물을 줄줄 흘려가며 자신의 우상 앞에 무릎을 꿇었다. 엘비스는 그의 팬들에게 '로큰롤의 황제' 같은 수식어를 훨씬 뛰어 넘었다. 어쩌면 팬들에게 있어서 그는 신, 그 이상이었을지도 모른다.

❖ 자전거 대신 기타를 선물받다

어느 누구든 자신의 인생을 바꿀 수밖에 없는 갈림길에 서게 되는 사건이 있기 마련이다.

엘비스가 초등학교에 다닐 때 그의 집은 경제 상황이

엘비스 프레슬리

미국 미시시피주 투펠로에서 출생. '로큰롤의 황제' 엘비스 프레슬리는 한때 반짝 인기를 얻었던 가수가 아니라 음악으로 전 세계를 통일하며 대중음악의 위상을 한껏 높였다. 그는 음악이 만국공용어란 진리를 다시 한번 입증했다.

180

별로 좋지 못했다. 그의 아버지는 엘비스가 원하는 자전거를 사줄 수 있는 형편이 못 되자 궁여지책으로 기타를 선물했다.

그 기타가 엘비스의 인생을 완전히 바꾸어 놓는 계기가 되었음은 물론이다.

❖ 외설적인 몸짓의 소용돌이

엘비스가 특별히 여성 팬들에게 더 깊은 인상을 남긴 것은 그의 현란하고 외설적인 춤 솜씨 때문이었다. 엘비스의 춤추는 모습에 전 세계 여성 팬들은 오금을 절이며 온몸이 녹아 내리는 듯한 전율에 휩싸일 수밖에 없었다.

특히, 엘비스가 허리 아래를 앞뒤로 흔들거나 엉덩이를 돌리는 율동적인 춤 동작은 수많은 여성 팬들을 압도하였다.

❖ 비난의 화살

엘비스를 비난한 사람들 중엔 종교계에 있는 사람들이 많았다. 그래서 엘비스는 노래와 춤에 대한 열정을 내뿜는 것 못지 않게, 자신을 향한 종교계의 비난과 경멸에도 온힘을 쏟아서 싸워야만 했다.

엘비스는 자신에게 쏟아지는 외설적 행동에 대한 비난에 맞서서 당당하게 음악적인 순수성을 주장하여 젊은이들의 열광적인 환호를 받았다.

"나는 젊은이들에게 음탕한 마음과 생각을 들게 하려고 노력하지 않는다. 나는 노래를 부르면 저절로 내 몸이 움직이는 것을 느낀다. 나는 노래 부를 때 섹스를 상상하지 않는다."

❖ 여성들의 우상

전 세계 수많은 여성 팬들 사이에서 엘비스의 사생활은 복잡할 수밖에 없었다. 그는 자신에게 무차별적으로 몸을 던지는 젊은 여성들의 사랑을 뿌리치지 못하고 하루에 3명의 여성과 관계를 갖는 것이 보통이었다.

엘비스의 고백에 의하면 그가 30대가 되기도 전에 상대한 여성이 무려 1천 명을 넘었다고 한다. 또한 그는 다른 사람의 침실을 엿보는 것을 즐겼고 자신의 섹스 비디오까지 만들었다.

❖ 걸어다니는 약국

흥분제와 수면제와 진통제를 시도 때도 없이 복용하고 죽기 직전에는 마약까지 손을 댄 엘비스. 그는 약으로 시작해서 약으로 망한 인물이었다.

하루가 멀다하고 이런저런 약을 복용한 후 몽롱한 정신으로 살았던 엘비스의 말년의 삶은 불행 그 자체였다.

❖ 로큰롤 제왕의 죽음

전 세계 여성들의 우상이었던 엘비스마저도 죽음을 피해갈 수 없었다. 그의 건강에 문제가 생겼다는 소문이 돌 때부터 팬들은 미친 듯이 날뛰었다.

결국 엘비스는 42살이 되던 해, 자신의 침실에서 심장마비로 죽음을 맞이했다. 그를 사랑했던, 아니 숭배했던 여성 팬들은 그의 죽음 앞에 통곡했고 그의 집 앞 잔디밭 위에는 정신을 잃고 쓰러지는 여성 팬들로 가득 찼다.

❖ King of King

엘비스는 죽어서 더욱 행복한 사람이었다. 그가 죽은 다음날 그와 관계된 상품들이 불티나게 팔렸고, 앨범은 단 하루 동안에 2천만 장 이상이 팔리는 전무후무한 기록을 낳았다. 어디 그것뿐인가. 그의 무덤은 관광지가 되었고, 해마다 전 세계에서 수백만 명의 방문객들을 끌어들이고 있다.

그는 신은 아니지만 신보다 더한 존재로 추앙 받는다. 아직도 전 세계의 수많은 엘비스 매니아들이 그의 흉내를 내며 그를 추억하고 있다.

5장

고삐 풀린 작가들

Dante, Alighieri 1265~1321

단테

❖ 생각하는 사람

프랑스의 위대한 조각가 로댕 하면 〈생각하는 사람〉
이 연상될 것이다. 하지만 이 작품은 우리가 알고 있
는 것처럼 단순히 '생각하는 사람'을 표현한 것이 아
니다.

로댕은 이탈리아의 대문호 단테를 매우 존경했는데,
그 존경심을 표현하기 위해 단테를 연상하며 〈생각
하는 사람〉을 조각한 것이라고 한다. 아마도 단테는
사람들에게 생각하는 모습을 많이 보여준 모양이다.
그러니까 로댕의 작품에서 그런 분위기와 포즈가 나
오지 않았을까?

단테

이탈리아의 시인. 피렌체에서
출생. 문예부흥 초기의 대표적
인 작가로 그의 작품 『신곡』은
세계 고전문학의 보배로 평가
받는 최대 걸작이다.

❖ 거절하지 못하는 사람

단테는 그 시대에 모든 사람들이 알아주는 최고의 시

186

인이었지만 겸손한 자세로 사람을 가리지 않고 사귀었다.

그는 누구든 자신에게 부탁을 하면 거절하지 못하고 들어주었다. 한 번은 길거리에서 노래하는 한 무명 가수를 위해 기꺼이 작곡까지 해 주었다.

❖ 제자를 얻은 사연

어느 날 한 청년이 단테를 찾아왔다. 그 청년은 한 여성을 사랑하는데 그녀는 못생긴 자신을 쳐다보지도 않으니 좋은 방법을 알려달라고 애원하는 것이었다.

단테는 이 못생긴 청년을 가만히 쳐다보고 있다가 이렇게 대답했다.

"그 여자가 임신만 하면 되네."

청년은 잘 모르겠다는 듯이 단테를 계속 쳐다보았다.

"여자들은 임신하면 보통 때는 먹지 않는 음식을 먹는 등 색다른 것을 찾게 되는 법이지. 그렇게 되면 자네가 영 가망 없는 것도 아니지."

자존심을 긁는 말투에 청년은 순간 불끈했지만 이상하게도 단테의 인품에 마음이 끌렸다. 그 후 청년은 평생 단테를 스승으로 삼고 섬겼다.

❖ 대식가 단테의 유머

르네상스 시대에는 식사 때 먹고 남은 뼈를 발 밑에 버렸다고 한다.

어느 날 단테는 평소에 자신을 미워하는 한 사람과 식사를 함께 하게 되었다. 그는 단테를 망신시켜서 코를 납작하게 해 주려고, 단테의 발 밑으로 자신이 먹고 남긴 뼈를 전부 밀어놓았다. 그리고 식사가 끝나자마자 빈정대는 목소리로 말했다.

"예술가치고는 대식가이시군요!"

그러자 단테는 조금도 당황하지 않고 그 사람의 발 밑을 가리키며 이렇게 말했다.

"그래도 당신처럼 뼈까지 먹지는 않습니다!"

❖ 신곡이라는 제목이 명명되기까지

『신곡』은 이탈리아의 위대한 시인 단테의 최고 작품으로 평가받고 있다.

단테는 이 작품을 완성하고 나서 제목을 '희곡'이라고 붙였다. 그리고 이 작품을 읽고 감탄한 사람들이 그 제목 앞에 '신성한'이라는 형용사를 추가하였다.

이 작품이 '신곡'이라는 제목으로 바뀐 것은 단테가 사망한 지 200년이 지난 후였다. 이것은 물론 책의 대량 판매를 목적으로 한 서적 출판업자들에 의해서였다.

Shakespeare, William 1564~1616

셰익스피어

❖ 밀레니엄 최고의 시인

20세기를 마감하며 전 세계 주요 신문들은 각 분야의 밀레니엄 베스트를 선정하였다.

1999년 4월 18일, 미국의 주요 일간지 《뉴욕타임스》는 지난 1천년 간 밀레니엄 베스트 최고의 시인으로 영국 대문호 윌리엄 셰익스피어를 뽑았고, 시 부분에서는 셰익스피어 작품 중에 『햄릿』의 「죽느냐 사느냐, 그것이 문제로다」를 선정하였다. 셰익스피어를 최고의 문호로 선정하는 데 주저하는 사람은 아무도 없었다.

❖ 포크도 모르는 야만인

셰익스피어의 작품들에서는 어느 부분에서도 포크, 스푼, 나이프 같은 식사도구가 나오지 않는다. 아니

셰익스피어

영국의 극작가이자 배우 · 시인. 인간 심리의 통찰에 비할 수 없는 넓은 안식을 가졌다. 근대 영어의 잠재력을 극도로 발휘하여 시극미의 최고를 완성하였다.

189

셰익스피어뿐 아니라 그 시대에 쓰여진 어떠한 작품에도 이와 같은 식사도구가 등장하지 않는다. 그 시대는 그냥 손으로 음식을 먹었기 때문에 스푼이나 포크 같은 도구가 없었던 것이다.

중세 말에 이르러 처음으로 유럽의 식탁에 포크가 등장했을 때, 성직자들은 반대의 차원을 넘어 신의 이름으로 분개했다.

"하나님께서는 인간에게 훌륭한 손가락을 만들어 주셨다. 포크를 사용하는 것은 절대 안 된다. 그것은 악마의 사슬이다."

❖ 베일에 가려진 인물

1666년 9월 2일, 런던 시내에 타오르기 시작한 대 화재는 무려 5일 동안 계속 되었고 런던의 건물 80% 이상이 잿더미로 변했다. 그 와중에 수많은 문화재와 서류, 자료 등이 불길에 완전히 타버렸다. 이때 셰익스피어에 대한 기록들도 대부분 소실되었다고 전한다.

이렇게 사라진 기록 덕분에 우리는 셰익스피어의 인간적인 모습에 대해서 전혀 알 수가 없다. 작가의 성장 과정이라든지 삶의 배경을 알고 작품을 읽으면 한층 더 공감이 갈 텐데, 이런 점에서 사람들이 셰익스피어의 작품을 완전히 이해한다고 보기는 어렵다.

❖ 공연 금지를 당하다

당시 셰익스피어의 연극을 본 시민들은 그의 작품에 감동하고 찬사를 쏟아 내었다. 하지만 몇몇 유명작가들은 셰익스피어의 작품을 수준 낮은 삼류 작품으로 깎아 내렸다. 한 정치가는 공연을 본 후 이런 말을 남겼다.

"저질적이고 웃음만 나오는 셰익스피어의 작품을 본 것은 내 일생의 실수였다!"

어떤 비평가는 셰익스피어의 작품을 적나라하게 비판하기도 했다.

"그의 작품보다 개 짖는 소리가 더 많은 감정을 전달해 준다!"

이런 극단적인 평가 속에 영국은 셰익스피어의 작품을 공연 금지시킨 적이 있었다. 1880년대에 이르러 약 30년 동안 영국 시민들은 셰익스피어의 3대 비극 중 〈리어왕〉의 공연을 볼 수 없었다.

❖ 능력 있는 배우

셰익스피어 하면 극작가라고 알고 있지만 그 자신이 연극배우였다는 것은 약간 생소할 것이다. 셰익스피어는 희곡을 써 가는 동안에도 쉬지 않고 연극 활동을 계속 했다.

그는 런던에서 공연된 존슨(Jonson, Ben)의 작품 〈각인각색 1598(Every man in his humour)〉에서 주연을 맡았고, 존슨의 또 다른 작품에서 공연했던 비극 배우들 중에도 셰익스피어의 이름이 들어 있었다. 셰익스피어의 연극 사랑이 그를 위대한 극작가로 만든 것이다.

❖ 볼테르도 몰라본 작품들

셰익스피어의 희곡은 생존 당시에는 물론이고 그가 죽은 지 150년이 지난 후까지도 비판을 받곤 했다. 프랑스의 대표적 계몽사상가인 볼테르(Voltaire) 까지도 그의 작품을 난도질했다.

"차라리 시골뜨기 막노동자가 쓰는 것이 햄릿의 독백보다 훨씬 세련된 말을 쓸 것이다."

❖ 약한 자여 그대 이름은 여자

셰익스피어의 대표적인 비극 〈햄릿〉에는 그의 여성에 대한 이해가 드러나는 멋진 대목이 있다. 주인공 햄릿은 선왕인 아버지가 죽고 나서 한 달도 채 못 되어 어머니가 다른 남자의 품에 안겨 있는 것을 보고 이렇게 외쳤다.
"약한 자여, 그대 이름은 여자니라!"

❖ 두 거장이 한 날에 죽다

세계적인 대문호가 같은 날에 죽었다면 우연치고는 참 안타까운 우연이라고 할 수 있다.
1616년 4월 23일, 마치 약속이나 한 듯이 영국의 대문호 셰익스피어와 에스파냐의 대문호 세르반테스가 같은 날에 죽었다. 세르반테스는 셰익스피어와 함께 인물들의 성격묘사에 뛰어난 보기 드문 작가였다.
하지만 20세기 문학의 두 거장인 이들은 서로 일면식도 없는 사이였다.

Milton, John 1608~1674

자기만 생각하는 이기주의자

밀턴

❖ 40부만 팔린 대작

돼지우리에 진주가 빠졌다면? 아주 드물기는 하지만
사람들은 가끔씩 위대한 문학작품을 알아보지 못한다.
밀턴의 작품도 뒤늦게 진가를 발휘한 경우에 속하는
데 바로 『실락원』이 그랬다. 분명 대작이었음에도 불
구하고 이 작품은 출간 후 처음에 단 40부밖에 팔리
지 않았다.

❖ 성직자의 길을 버리다

밀턴의 조부는 로마 카톨릭교도였지만 아버지가 신
교로 개종하였기 때문에 두 사람 사이는 절연되었다
고 한다. 밀턴은 아버지로부터 청교도적인 강렬한 기
질을 이어받았고, 청교도 신학자 T. 영으로부터 신학
지도를 받았다.

밀턴

영국의 시인. 런던 출생. 대서
사시 『실락원』, 『복락원』 등
청교도적 사상을 드러낸 작품
을 썼다. 고전에 대한 깊은 교
양과 문예부흥의 전통을 가진
저작을 잇달아 발표하며 영문
학상 최대의 시인이 되었다.

193

그러나 1631년『쾌활한 사람』 등 엄격한 청교도적 정신과는 아주 대조적으로, 문예 부흥적인 향기가 높이 풍기는 작품을 발표하기 시작하였다. 그는 이때부터 아버지가 희망하였던 성직자가 되는 길을 버리고, 창작 활동에 전념하였다.

❖ 40세에 맹인이 되다

밀턴의 개인적인 삶은 그리 평탄하지 않았다. 그는 초혼에 실패했고, 40세에 접어들면서부터는 눈이 보이지 않게 되더니 결국 맹인이 되었다.

그러나 아이러니컬하게도 그는 맹인이 되어서 자신의 대표작인『실락원』을 저술하였다. 이 작품으로 그는 셰익스피어에 버금가는 대시인으로 평가받고 있다.

❖ 장미 같은 아내

1600년대를 주름잡았던 시인 밀턴은 모두 세 명의 여성과 결혼하였다.

밀턴이 초혼에 실패한 후 재혼한 여성은 상당한 미인이었다고 한다. 그러나 불행하게도 그는 그 당시 시력을 잃어 아내의 모습을 잘 알아볼 수 없었다.

그는 얼마 후 재혼한 아내와도 사이가 나빠졌는데 그 무렵 한 이웃이 밀턴을 찾아와 그의 아내를 칭찬하였다.

"당신 부인은 정말 장미보다 아름답군요."

그러자 밀턴이 퉁명스럽게 대답했다.

"맞아요, 장미가 분명해! 그녀의 가시를 매일 느끼거든."

❖ 자기만 아는 남편

몹시 추운 겨울의 어느 날 밀턴 부부가 오페라 공연을 관람하고 있었다. 공연이 시작되고 얼마 후 밀턴이 부드러운 목소리로 아내에게 물었다.

"어때 당신 자리는 외풍이 없나?"

아내는 평소와는 달리 자신을 걱정해 주는 남편이 고마웠다.

"여보 고마워요. 여긴 바람이 전혀 안 들어와요."

그러자 밀턴이 퉁명스럽게 한마디를 던졌다.

"그럼 자리 바꿔 앉아! 이 자린 추워서 못 견디겠어!"

회상록과 공상소설의 선구자

카사노바

Casanova, Giovanni Giacomo 1725~1798

카사노바

이탈리아의 문학가 · 모험
가 · 엽색가. 자칭 '생갈트의
기사(Chevalier de Seingalt)' 라
고 불렀고 파리에서는 마리 앙
투아네트의 총애를 받기도 하
였다. 『회상록』(전12권)과 5부
로 된 공상소설 『20일 이야
기』를 썼다.

❖ 성직자에서 난봉꾼으로

카사노바는 재능이 뛰어난 사나이였다. 처음에는 성
직자나 군인, 바이올리니스트 등으로 입신하려 하였
으나 추문(醜聞)으로 투옥되었다.

그는 15세에 수도원장이 되었으며, 1년만에 법학박
사가 되었다. 재치와 폭넓은 교양을 구사하여 외교
관, 재무관, 스파이 등 여러 직업을 갖기도 했고 시
인, 음악가, 여행가, 격투사, 역사가, 마술사, 도박사
그리고 복권 사업에도 손을 댔다.

그러나 뭐니뭐니 해도 그는 역사상 최고의 플레이보
이였다. 평생 1천 명이 넘는 여성들과 관계를 맺었다.

❖ 협상의 달인

카사노바의 화술은 여성들뿐 아니라 유럽의 핵심 권

196

력자들까지도 반하게 만들었다.

프랑스의 루이 15세, 폴란드의 왕 등이 그에게 사업에 관해 조언을 해 왔고, 스위스의 볼테르와 친분을 가졌고, 러시아의 에카테리나 여황제의 환심을 사는 등 상대를 설득하는 대화술이 무궁무진하였다.

❖ 공상소설의 선구자

카사노바는 저술가로서도 명성을 날렸다. 특히, 그가 쓴 12권의 『회고록』만큼 그 당시 유럽의 사회상을 실감나게 보여주는 책도 드물 것이다.

또한, 그의 작품 중 5부로 된 공상소설 『20일 이야기』는 프랑스의 소설가 쥘 베른(Verne, Jules)의 『지저여행』에 많은 영향을 끼쳤다. 카사노바는 『80일간의 세계일주』를 쓴 근대 SF 소설의 선구자 쥘 베른의 스승이었던 셈이다.

❖ 카사노바에 대한 오해

그는 자신의 회고록에 스무 살이 되기도 전에 애인이 수십 명을 넘었다고 기록했다. 이런 시대의 난봉꾼 카사노바가 여자들하고만 관계를 맺었을 리 없다. 그는 남자들과도 섹스를 즐겼으며 상대가 누구든 남녀노소를 가지지 않고 최선을 다하여 상대를 만족시켰다. 그리고 무분별한 섹스의 대가로 그는 평생 10번도 넘게 성병에 걸려 고통을 당했다.

❖ 위대한 정복자

카사노바가 여성을 사로잡는 비결은 무엇이었을까? 한마디로 그것은 끈기였다. 여성들에게 달콤한 언어와 재치, 자존심 살려주기, 끝없는 설득 등을 무기로 삼아 항상 승리를 낚았다. 열 번 찍어 안 넘어가는 나무가 없다고 최

선을 다하여 노력하면 어떤 여성이든지 반드시 사랑의 문을 열어준다는 것
이 그의 신념이었다.

"끈기 있게 도전하라. 이 세상에 끝까지 냉정한 여성이란 존재하지 않는다."
그는 회고록에서 평생 단 16명의 여성만이 그의 섹스 제의를 거절했다고 기
록하고 있다.

✛ 결혼은 사랑의 무덤

카사노바에게 결혼을 원하는 여성도 많았다. 하지만 그는 결혼이란 '사랑의
무덤'이라고 생각하는 남자였다. 그는 항상 조마조마하고 스릴 넘치는 비밀
스런 애정행각을 즐겼다.

"세상에 있는 모든 여자들이 나의 섹스 상대이다."

✛ 마지막 직업은 도서관 사서

카사노바가 실패한 것이 있다면 능력에 걸맞지 않게 돈을 모으지 못했다는
것이다. 그는 위조지폐에 손을 대는 등 돈을 벌기 위해 발버둥쳤지만 하는
일마다 실패했다.

빈손의 카사노바는 말년에 모든 사람들에게 외면당했다. 이때 보헤미아의
발트슈타인 백작이 그를 거두어 자신의 성에 있는 도서관 사서로 삼았다.
그는 그곳에서 73세의 파란만장한 생을 마감했다.

✛ 회고록의 비밀

카사노바는 말년에 도서관 사서로 지내면서 자신의 지난날을 회상하며 글
을 썼다. 이것이 무려 4,545장, 모두 12권에 달하는 엄청난 분량의 『회고록』

이다. 이 책은 자신이 49세 되던 1774년까지의 성생활을 묘사한 기록이다. 그런데 이 회고록에 기록된 상대 여성들의 통계를 보면 입이 딱 벌어진다. 물론 이것도 그가 만난 모든 여성들을 기록하지 않았기 때문에 극히 일부분에 불과하다.

1. 국적 : 이탈리아 47명, 프랑스 19명, 스위스 10명, 독일 8명, 영국 7명, 스페인 2명, 폴란드 2명, 네덜란드 1명, 러시아 1명, 아프리카 1명, 포르투갈 1명 등

2. 나이 : 11~15세 22명, 16~20세 29명, 21~29세 15명, 30~39세 5명, 40세 이상 3명 등

3. 결혼 상태 : 미혼 85명, 기혼 11명, 과부 5명 등

4. 신분 : 하녀 24명, 귀부인 18명, 왕족 15명, 창녀 11명, 여배우 7명, 댄서 6명, 가수 3명, 수녀 2명, 노예 1명 등

5. 애정 관계 : 자신이 유혹 33명, 여성이 먼저 유혹 12명, 상호간 합의 36명 등

Goethe, Johann Wolfgang von 1749~1832

괴테

❖ 화려한 이력서

괴테는 독일 최고의 시인이자 소설가일 뿐만 아니라 뛰어난 과학자로서 의학, 식물학, 광물학, 지질학에도 몰두하였다. 그리고 그는 다양한 직업을 가지고 있었는데 연출자, 채굴 사무장, 그리고 소방서의 소장, 극장 주인이었다. 또한, 화가와 연극배우로 활동하기도 했고, 변호사였으며 외무부 장관으로 있기도 했다.

❖ 병마와 싸운 한평생

괴테는 82살까지 장수했다. 그렇다고 그가 건강하게 살았다고 생각하면 큰 오산이다. 병마는 일생동안 그를 괴롭힌 못된 친구였다.

그는 태어날 때부터 난산으로 겨우 세상의 빛을 보았

괴테

독일 최대 시인이자 작가, 고전파의 대표 작가로 과학자·정치가로도 활동했다. 학문과 예술 분야에서 양적 질적으로 위대한 업적을 남기며 독일뿐만 아니라 전 세계인의 추앙을 받았다. 대표작으로 『빌헬름 마이스터의 편력시대』, 『파우스트』 등이 있다.

고, 어렸을 때는 홍역을 심하게 앓아 목숨까지 위태로운 지경에 이르렀다. 여기에 그치지 않고 중년이 되어서는 고혈압, 동맥경화, 인후염, 고열, 심장 발작 등으로 고생했다. 그 밖에 위궤양, 변비, 관절염 등이 그를 하루도 편하게 놔두지 않았다.

❖ 나사 풀린 사나이

괴테는 이름 있는 가문의 외아들로 태어나 어렸을 적부터 명망 있는 가정교사로부터 특별 지도를 받았다. 그는 음악, 미술, 과학은 물론이고 6개 언어를 구사할 수 있는 수재였다.

그러한 천재임에도 불구하고 그는 복장은 물론이고 매우 자유로운 사생활을 즐겼다. 아니 '시대의 방랑자'라는 표현이 더 어울릴 정도로 거침없이 살았다. 그래서인지 대학 재학 시절 어느 교수는 괴테를 이렇게 평가하였다.

"그는 수재가 분명하지만 어딘가 분명히 나사가 하나 풀려 있다!"

❖ 파우스트는 실제 인물

괴테의 최고 작품이며 독일 근대 문학의 최대 작품인 『파우스트』. 이 책의 주인공 파우스트는 괴테가 실제 인물을 모델로 해서 썼다고 한다.

이 작품은 괴테의 나이 81세에 완성되었는데, 제2부 원고는 그가 죽기 직전에 완성되었고, 결국 책은 그가 죽은 후에야 출간되었다.

❖ 젊은 베르테르의 슬픔

"사랑과 죽음은 친구이다."

괴테의 처녀작인 『젊은 베르테르의 슬픔』은 적어도 그렇게 주장하고 있었다. 이 작품은 젊은이들 사이에서 '사랑을 위한 자살'을 유행시킬 정도로 그들의 마음을 사로잡았다. 이 작품으로 괴테는 일약 인기작가로 인정받게 되었다.

✦ 빅토르 위고와 천적

프랑스 작가 빅토르 위고는 괴테의 천적이었다. 위고는 괴테에 대해 많은 열등감을 가지고 있었던 것 같은데, 괴테에 대하여 말할 때면 흥분하며 그를 비하하기에 바빴다.

어느 날 위고는 친구들을 만나 이런저런 얘기를 나눌 때 또다시 괴테의 험담을 늘어놓기 시작했다.

"괴테? 그는 예술가가 아니야. 짐승이지! 암 그렇고 말고. 사람들이 그를 아무리 뛰어나다고 칭찬해도 나는 인정할 수 없어! 그의 작품 중에 『군도』를 제외하고는 읽을 만한 것이라곤 하나도 없어."

위고의 말을 들은 한 친구가 이렇게 말했다.

"아니야! 『군도』를 쓴 사람은 괴테가 아니라 실러야. 그건 실러의 첫 작품이지 않나? 자네답지 않게 헷갈리고 있군."

그러자 위고는 또 다른 험담거리를 잡았다는 듯이 이렇게 말했다.

"그것 봐! 괴테는 그런 것 하나도 쓰지 못하는 위인이야!"

Balzac, Honore 1799~1850

커피 중독으로 사망한 작가
발자크

❖ 커피 중독으로 사망하다

커피를 가장 좋아한 사람을 『기네스북』에 기록한다
면 아마도 발자크일 것이다. 그는 커피와 성욕과 야
망을 창작활동의 바탕으로 한 천재였다.

그는 하루에 무려 60잔 이상 커피를 마셨는데 커피를
마셨다기보다는 '커피 중독자'라는 표현이 맞을 것이
다. 술 때문에 죽는 예술가는 많이 있어도 커피 때문
에 죽은 예술가는 아마 발자크가 유일할 것이다. 이것
또한 발자크의 대단함을 보여주는 예가 아닐까?

❖ 나폴레옹의 숭배자

발자크가 16세가 된 무렵에 나폴레옹은 이미 권좌에
서 물러나 있었다. 하지만 낭만주의 시대의 시인이
나 소설가 대부분이 그러했듯이 발자크도 나폴레옹

발자크

프랑스의 소설가. 모든 소설을
작중 인물의 재등장이라는 수
법을 사용하였으며 전 작품에
대하여 《인간희극(人間喜劇)》
이라는 종합적 제목을 붙였다.
이는 모두 70편 가량으로 등장
인물이 2,000명에 이른다. 대
표 작품으로는 『고리오 영감』,
『골짜기의 백합』 등이 있다.

의 열렬한 숭배자였다.

그에게 있어서 나폴레옹은 유럽 통일의 위대한 영웅이었으며, 나폴레옹이 칼로써 이룩하지 못한 것을 펜으로 이룩하겠다는 것이 그의 염원이었다. 그의 작품에서는 도처에 황제의 이름이 나온다.

❖ 글쓰기의 버릇

발자크는 글을 쓸 때 다음 세 가지 버릇이 있었다.

첫째, 열렬한 신봉자였던 나폴레옹의 조각상을 곁에 두었다.

둘째, 대부분 흰 두루마기 같은 옷을 입었다.

셋째, 좋은 글은 한밤중에 쓸 수 있다고 고집한 야행성 작가였다.

❖ 카사노바 못지 않은 바람둥이

발자크는 사람들이 흔히 말하는 색욕가였다. 고귀한 부인이든 나이 어린 소녀든, 매춘부든 가리지 않고 마구 동침했다. 마치 자신의 다양한 작품처럼 사랑의 행위도 그칠 줄 몰랐다.

발자크는 일단 한 권의 작품을 마감하고 나면 새로운 작품을 쓸 때까지 철저하게 본능에 충실했다. 마음껏 먹고 마시며 성욕을 절제하지 않았다. 그것은 작품을 완성하는데 받았던 스트레스를 푸는 차원을 넘어서 카사노바 못지 않은 행동을 보였다. 그는 상류사회 여성들과 긴밀한 관계를 유지하면서 변태적인 행동도 서슴지 않았다.

Tolstoi, Lev Nikolaevich 1828~1910

전쟁과 평화로 얼룩진 고행자

톨스토이

❖ 방황하는 대문호

톨스토이에게도 방황의 시기가 있었다. 그가 인생의
허무함과 고뇌 등으로 자살할 위기까지 이르게 된 힘
들었던 시기를 이겨낼 수 있었던 것은 세례를 받고
기독교인이 되고 난 뒤부터였다. 그는 기독교를 믿음
으로써 새 인생을 시작하게 된 셈이다.

『성경』의 내용 중에서 그가 가장 좋아하고 즐겨 읽었
던 부분은 「산상수훈」이었다.

❖ 대작의 원동력

'가화만사성'은 동서양 모두에서 영원한 정답이다.
가정의 평화가 방황하는 톨스토이를 세계적인 대문호
로 만들었다.

1862년 톨스토이는 16세 아래인 궁정 시의(侍醫) 베르

톨스토이

러시아의 작가이자 사상가.
『전쟁과 평화』, 『부활』 등 그
의 작품은 현재에도 세계에서
가장 많은 독자를 가지고 있으
며, 그의 예술수법은 솔로호
르, 파더예프 등 많은 작가에
게 영향을 주었다.

205

스의 딸 소피야 안드레예브나와 결혼하였다. 이때가 가정생활이나 창작활동에 있어서나 가장 충실한 시기였다. 톨스토이의 이름을 세계적인 것으로 만든 대작 『전쟁과 평화』는 이 시기에 완성되었다.

❖ 가장 사랑 받는 대하소설

『전쟁과 평화』는 집필기간 6년에 500명이 넘는 등장인물이 보여주듯, 톨스토이의 끈질긴 인내와 풍부한 지식, 경험, 무한한 상상력 등을 총동원한 대작으로 지금까지 가장 사랑 받는 소설로 기록되었다.

이 작품은 나폴레옹의 러시아 침입이라는 조국의 운명을 건 대사건을 소재로 하여, 황제로부터 일개 농민에 이르기까지 각계각층의 인물을 등장시켜, 역사의 참된 주인공은 야심이나 자기 주장과는 관계없는 겸허한 민중이라는 것을 입증한 장편 역사 소설이다.

❖ 교훈적 소설로의 변신

톨스토이는 『참회록』을 쓰면서 문학적으로 대변신을 하게 된다. 그의 작품은 기존의 일반 문학적인 특성에서 종교적 색채를 띤 교훈적이거나 사회적인 경향으로 바뀌었다.

이런 톨스토이를 좋아하고 영향을 받고 따르는 사람들이 꽤 많았다.

❖ 금욕과 아내와의 갈등

톨스토이는 기독교로의 개종 이후 금욕적인 생활로 아내 소피야와 다툼이 잦았다. 특히 그는 하나님의 사랑을 실천한다면서 사유 재산을 부정하고 모든 재산을 하인들에게 나눠주려고 했고 이 일로 소피야와 심하게 다투고 집을 나간 적도 있었다. 그 후 그의 일체의 저작권은 아내 소피야가 관리했다. 결국 톨스토이는 소피야와 사랑을 회복하지 못하고 집을 버리고 방랑의 여행길에 올랐고, 도중에 병을 얻어 82세의 나이로 한 허름한 기차역에서 초라하게 객사하였다.

❖ 톨스토이와 숫자 28

톨스토이에게 있어서 28이란 숫자는 운명의 늪과 같았다.

- 1828년 8월 20일 출생
- 1854년 1월 28일 군에 입대
- 1854년 8월 28일 처녀작 『유년 시대』 발표
- 1910년 10월 28일 기차 여행 중 쓰러짐. 그리고 소식을 듣고 달려온 딸에게 그는 즐겨 읽던 《독서의 수레》 중 10월 28일자 지면을 읽어 달라고 부탁했다.

Doyel, Sir Arthur Conan 1859~1930

셜록 홈스와 맞먹는 명탐정

도일

도일

영국의 추리작가. 한때 의업에
종사한 후 소설가로 전업했다.
아마추어 명탐정 『셜록 홈스
의 대모험』 등을 발표하여 세
계적으로 유명해졌다.

❖ 탐정소설의 저자는 안과의사

누가 봐도 안과의사와 명탐정은 전혀 어울리지 않는
다. 하지만 코난 도일은 안과의사에서 탐정소설 작가
로 대변신을 하여 세계적인 소설가로 인정받았다.
탐정소설 『셜록 홈스』는 안과의사 도일의 인생을 뒤
바꿔 놓는 새로운 출발점이 되었다.

❖ 최악의 분실사고

아니 이렇게 억울할 수가 있단 말인가?
코난 도일은 심혈을 기울여 만든 첫 작품 『셜록 홈
스』의 초고 원고를 한 출판사에 우편으로 보냈는데
도중에 감쪽같이 분실되고 말았다. 아마도 그 원고는
명탐정 '셜록 홈스'가 직접 찾아야 하지 않을까?

❖ 75명의 스타 배우 탄생

『셜록 홈스』는 순식간에 전 세계적인 베스트셀러가 되었다. 그리고 명탐정 '홈스'가 주인공으로 등장하는 영화가 수없이 만들어졌다. '홈스'는 흥행의 보증수표였다. '홈스'는 200편이 넘는 영화에서 주인공으로 등장했으며, 그 역할을 맡은 75명의 배우들은 새로운 스타로 부상했다.

❖ 도일은 명탐정

도일은 '셜록 홈스'에 맞먹는 명탐정이었다. '홈스'라는 캐릭터는 자신을 모델로 하여 만들었다는 설이 있을 만큼 실제로 그는 매우 정확한 추리력을 가진 사람이었다.

도일이 60세가 되던 해, 한 부자 할머니가 살해당하는 사건이 일어났고 범인으로 한 유태인이 체포되어 종신형을 선고받고 감옥에 들어갔다. 그러나 사건 수사에 허점이 있다고 확신한 도일은 몇 년 간의 철저한 조사 끝에 결국 무죄를 입증, 그 유태인의 누명을 벗겨 주었다.

❖ 빨리 피하시오!

탐정소설로 일약 스타덤에 오른 코난 도일은 정치계뿐만이 아니라 경제계에도 많은 친구들이 생겼다. 하지만 장난기가 심한 도일에게 한번 걸려든 사람들은 아주 곤혹을 치러야 했다. 한번은 도일이 자신이 알고 지내는 거물 정치인과 경제인들에게 "큰일났다. 당신의 일이 탄로 났으니 급히 피하라!"는 전보를 쳤다.

다음 날 도일이 전보를 친 친구들의 집을 방문했을 때 집에 남아 있는 사람은 한 사람도 없었다.

헤밍웨이

모험가는 죽음도 모험가답게

헤밍웨이

헤밍웨이

미국의 대표적인 소설가. 『누구를 위하여 종은 울리나』, 『무기여 잘 있거라』 등의 명작을 남겼다. 1953년에 『노인과 바다』로 퓰리처상을 받았고 이어 1954년 노벨문학상을 수상했다.

❖ 멋진 보이콧

"4천 달러의 돈과 평생 마음대로 마실 수 있는 위스키를 선택하라!"

이것은 한 위스키 회사가 헤밍웨이에게 상업광고의 출연 조건으로 내세운 것이다. 하지만 잠시 고민할 필요도 없이 헤밍웨이는 단번에 그 제의를 거절했다.

"나는 내가 즐기는 술이 있는데, 그 맛없는 위스키를 평생 마시라고! 흥, 거기에다 나에게 그런 푼돈을 제시하면 안 되지!"

❖ 꽃밭에서 자란 어린 시절

헤밍웨이는 부유한 의사 집안에서 귀한 외아들로 태어났다. 그의 집은 아버지와 헤밍웨이를 제외하면 모두 꽃밭이었다.

4명의 누이들과 가정부 그리고 어머니의 포위 속에 헤밍웨이는 점점 여성적으로 자라났다. 그래서인지 그는 18세가 될 때까지 마땅히 데이트 한 번 못했다.

⁂ 마지막이 중요해

헤밍웨이의 대표작품 『무기여 잘 있거라』는 전쟁의 허무함과 고전적인 비련을 테마로 한 전쟁문학의 걸작으로 전 세계 독자들의 마음을 사로잡은 작품이다.

이러한 명작은 아무렇게 만들어지지 않는다. 그는 이 소설의 마지막 장면을 약 40회 정도 수정하는 피나는 노력 끝에 완성하였다.

⁂ 강연 에피소드

어느 날 헤밍웨이는 한 소도시에서 강연을 하기로 되어 있었다. 먼저 비행기 좌석을 예약하고 간단한 짐을 꾸려 공항으로 향했다. 그런데 공항에 도착해 보니 한 상원의원이 그가 예약했던 좌석을 먼저 차지했다는 어처구니없는 소리를 듣게 되었다. 하필 그날은 강연 장소로 떠나는 비행기가 더 이상 없었고 헤밍웨이는 하는 수 없이 예정된 강연을 취소할 수밖에 없었다.

그런데 헤밍웨이의 좌석을 가로챈 상원의원 역시 자기가 목적한 바를 이루지 못했다. 그는 사실 헤밍웨이의 명강연을 듣기 위해 그렇게 급히 떠나야 했던 것이다.

⁂ 노벨문학상 상금을 사회로

작가라면 누구나 흠모하는 노벨문학상과 퓰리처상을 수상한 위대한 작가

헤밍웨이. 그는 1954년 노벨문학상에서 받은 상금 전액을 자기가 살았던 고향 주민들에게 기부했던 멋있는 사람이었다.

❖ 대를 이은 자살

헤밍웨이의 아버지는 수렵 등 야외 스포츠를 좋아하는 의사였는데 1928년 권총자살로 생을 마감했다. 그런데 헤밍웨이 집안의 불행은 여기서 끝나지 않았다. 그도 자신의 아버지와 같은 운명의 길을 걸어갔던 것이다.

헤밍웨이는 큰 짐승들을 쫓아다니는 모험 가득한 사냥을 즐겼다. 그리고 1961년 7월 2일 엽총으로 자신의 머리를 쏴서 자살했다. 그는 인생의 마지막을 모험가답게 장식한 것이다.

말도 안 되는 괴짜 철학자들

孔子 B.C. 551(2)~479

최초의 금서를 남긴 성자
공자

공자

중국 춘추시대의 학자 · 정치
가 · 대사상가 · 성인(聖人). 유
교의 시조로 한의 무제 이후
중국 사상계를 지배한 가장 커
다란 조류를 이루었으며 또 한
국, 일본 등 중국의 주변 국가
에게도 막대한 영향을 주었다.

❖ 『논어』는 공자가 쓰지 않았다

공자의 언행은 『논어』를 통해서 전해졌고, 그의 사상
을 알아보기 위한 확실한 자료도 이 책밖에 없다. 그런
데 사실 이 책은 공자 자신이 저술한 책이 아니라, 공
자의 제자들과 또 그 제자의 제자들이 기록한 것이다.
또한, 그가 '오경(五經)'을 편찬했다고 전해지지만, 이
것도 공자가 직접 저술한 책이 아니라 교육적 목적에
따라 『시경(詩經)』, 『서경(書經)』 등의 고전을 그가 정리
했던 것이다.

❖ 사람고기를 즐기는 성자

『예기(禮記)』나 『동주열국지(東周列國誌)』 등의 중국 역
사서에 보면 이해하지 못할 많은 내용들이 나오는데
그 중에 하나가 식인(食人)에 관한 이야기이다.

이런 역사책에 보면 오늘날 4대 성인의 한 사람으로 지극히 추앙을 받고 있는 공자가 사람고기를 즐겨 먹었다는 기록이 있다. 사람고기를 절여 만든 음식이 밥상에 나오지 않으면 식사를 거부한 적도 있다고 한다.

✥ 바가지 긁는 아내

위대한 인물들의 부인들을 조사해 보면 의외로 이른바 악처들이 종종 등장한다. 남편을 한시도 가만히 두지 않고 바가지를 긁어댄 것으로 유명한 아내를 고르라면 공자의 부인을 뺄 수가 없다. 소크라테스의 부인도 악처로 손꼽혔듯이 역사적으로 위대한 인물들에게는 그에 못지 않게 기가 센 아내들이 있었던 모양이다.

✥ 꾸짖음에도 기준이 있다

어느 날 공자와 한 제자가 길을 가는데 길가에서 소변을 보는 젊은이가 있으니 공자가 그를 크게 꾸짖어 보냈다. 다음날 공자와 그 제자가 다시 그 길을 가게 되었는데 또 다른 젊은이가 큰길 한가운데서 소변을 보고 있었다. 그런데 이번에는 공자가 그 젊은이를 불러 세워 꾸짖지 않고 옆길로 피해 가는 것이 아닌가? 제자가 그 이유를 몰라 물으니 공자가 이렇게 대답했다. "그것은 다 이유가 있느니라. 어제의 그 젊은이는 꾸짖어 고쳐질 가능성이 있지만, 아까 본 그 젊은이는 말해 봤자 아무 소용없는 무뢰한이기 때문이지!"

✥ 사람을 죽이는 법

공자 일행이 산길을 지나가게 되었다. 사람들이 지쳐 갈 무렵 공자는 자로 (子路)라는 제자를 시켜 먹을 물을 길으러 보냈다. 그런데 자로가 물을 찾아가 보니 샘터는 숲이 우거진 외진 곳에 있었고 그때 갑자기 범이 나타나 가까스로 목숨을 보전할 수 있었다. 간신히 일행에게 돌아온 자로는 범이 있는 곳에 자신을 보냈다며 공자에게 앙심을 품었다. 그는 공자를 죽이기 위해 날카로운 돌을 옷속에 감추고 나타나 태연히 공자에게 물었다.

"스승님, 선비는 사람을 죽이는 데 무엇을 사용하는지요?"

그러자 공자는 이렇게 대답했다.

"훌륭한 선비는 붓으로, 평범한 선비는 혀끝으로, 그리고 형편없는 선비는 돌로 쳐 죽이지!"

공자의 말에 감탄은 한 자로는 그만 부끄러워 돌을 던져버리고 용서를 구했다. 그 후 자로는 공자를 그림자처럼 모시는 수제자가 되었다.

❖ 최초의 금서

정치가들의 마음대로 만들어지는 금서 목록들. 동서고금을 막론하고 수많은 위인들의 위대한 저작물들이 정치가의 잣대로 금서가 되는 경우가 많이 있었다. 그 최초의 희생자는 공자였다. 공자의 『논어』는 세계 최초로 금서가 된 책이다.

Socrates B.C. 469~399

한 권의 책도 쓰지 못한 철학자

소크라테스

❖ 결혼에 대한 정의

어떤 사람은 '결혼은 무덤' 이라고 정의한 적이 있다.
그렇다면 소크라테스에게 있어서의 결혼의 의미는
무엇일까?

소크라테스는 한 청년에게 결혼에 대해 이렇게 말했다.
"결혼은 잘하면 행복하지만, 나처럼 실패하면 철학자
가 될 것이다."

❖ 한 권의 책도 쓰지 못한 철학자

소크라테스는 책을 한 권도 쓰지 않았다. 소크라테스
에 관한 책들은 모두 그가 사망한 후 제자들이 그 동
안 듣고 기록해 놓은 것들을 편집한 것이다. 사람들
은 그 글을 통해서 소크라테스를 알고 있을 뿐이다.

그러나 그 제자 가운데 누구를 얼마만큼 믿어야 할지

소크라테스

그리스의 철학자. 아테네 출
생. 플라톤은 그에 대하여 "우
리들이 만나 본 사람들 가운데
서 가장 고상하고 가장 정의로
운 사람." 이라고 말했다.

는 의문이며, 엄밀히 따지자면 소크라테스가 말하고자 했던 진정한 의미가 와전되어 있을지도 모른다.

❖ 악처의 대명사 크산티페

소크라테스가 나이 들어 결혼한 크산티페(Xanthippe)는 후처였다고 전해지지만 확실치는 않다. 그런데 그녀는 아내로서 남편의 행동을 전혀 이해하지 않았고, 항상 상스러운 말로 욕하는 등 소크라테스를 경멸하여, 악처의 대명사가 되었다.

어느 날 그녀가 소크라테스에게 호통치며 물벼락을 안기자, 그는 "저것 봐, 천둥 뒤에는 항상 소나기가 쏟아지는 법이야."라고 하면서 시치미를 뗐다. 그러나 크산티페의 악처 노릇에 대해서는 후세 사람들의 과장이 부풀려졌다는 견해도 있다.

❖ 공처가 철학

소크라테스는 두 눈이 튀어나왔으며, 코는 짜부러진 사자코로 그 모습이 매우 흉했다고 한다. 그런 외모 때문인지 늘 아내에게 당하기만 했는데 제자들도 그 모습을 보고 답답해했다.

그러나 소크라테스에게는 나름대로 분명한 '공처가 철학'이 있었다.

"정말 훌륭한 기수(騎手)는 남들이 꺼리는 야생마를 택해 단련시킨다. 야생마를 자신의 말로 만든다면 다른 어떤 말도 잘 길들일 수 있다. 나도 야생마 같은 아내를 잘 움직일 수 있다면 이 세상 어떤 사람도 다 나의 사람으로 만들 수 있을 것이다!"

❖ 검소한 철학자

소크라테스는 거리의 사람들과 철학적 대화를 나누는 것을 일과로 삼았다. 그는 결국 고발되어 재판에서 사형을 선고받았다.

그는 늘 낡은 옷을 입고 다니며 검소함을 몸소 실천하던 철학자답게 죽는 그 순간에도 검소함을 잃지 않았다. 사형 선고를 받고 제자들이 지어준 새 옷을 거부하고 평소에 입던 낡은 옷을 입고 죽었다.

❖ 플라톤은 소크라테스를 멀리했다

소크라테스의 수제자인 플라톤은 언제부터인가 스승을 멀리 하기 시작했다. 소크라테스가 당시 정치가들에게 젊은이들을 윤리적으로 타락시키는 인물로 주목의 대상이 되었기 때문이다.

플라톤은 의도적으로 소크라테스를 멀리 하기 시작했고, 스승의 마지막 죽음의 현장에도 참석하지 않았다.

❖ 그는 우아하게 죽지 않았다

우리는 소크라테스가 독살 당하면서도 평화롭게 죽은 것으로 알고 있다. 그러나 실제로 그는 온갖 더러운 것을 토해내고 끔찍하게 몸을 비틀며 죽었다.

소크라테스가 평화스럽게 죽었다고 소문을 퍼트린 사람은 바로 플라톤이었다. 그는 자신이 소크라테스의 수제자였다는 것을 증명해 보이기 위하여 스승의 죽음에 대하여 아는 것처럼 사람들에게 거짓말을 한 것이다. 스승의 죽음을 지켜보지 않았으면서 말이다.

Platon B.C. 427~347

세계공동체를 주장한 이상주의자

플라톤

❖ 격투기의 우승자

그리스의 최고 철학자 플라톤은 소크라테스의 수제
자였고 아리스토텔레스의 스승이었다. 그는 결혼하
지 않고 평생을 독신으로 살았다. 그는 또한 힘이 장
사였는데 격투기 대회에서 우승을 한 적도 있었다.

❖ 동성연애자

플라톤은 동성애가 자연스럽게 이루어졌던 그리스
문화 속에서 살면서 자신도 역시 미소년을 보면 흥분
했던 동성애자였다.

그 당시 그리스에서는 젊은 남성들이 장기간의 전투
로 여성들을 만날 기회가 없었기 때문에 동성애가 보
편적으로 이루어졌다. 그 시대의 가장 아름다운 사랑
은 남성들간의 동성애였다.

플라톤

그리스의 철학자. 아테네 명문
출신으로 소크라테스의 수제
자가 되어 결정적인 영향을 받
았다. 그는 제자인 아리스토텔
레스의 현실주의와 함께 철학
사에 쌍벽을 이루고 있다.

❖ 세계공동체를 주장한 이상주의자

플라톤은 사람들에게 가족이란 개념이 없어져야 한다고 주장하였다.

"모든 사람들이 한 곳에 모여 공동체로 살아야 하고 누구도 자신의 소유물을 가져서는 안 된다. 남자들은 아내와 아이들을 공동으로 소유해야 한다. 어떤 여성도 그 아이가 누구의 자식인지, 아이들은 나의 아버지가 누구인지 알 필요도 없다."

플라톤은 남녀 관계도 마찬가지로 생각했다.

"남성이나 여성이나 욕정이 생기면 자연스럽게 아무하고나 성관계를 가질 수 있어야 한다."

이런 엽기적인 철학을 내세운 그의 의도는 과연 무엇이었을까?

❖ 여성에 관한 몰이해

플라톤이 펼친 괴짜 주장에는 여성들의 자궁에 관한 견해도 포함된다.

그의 주장을 따르면 인간의 몸 속에서 각 신체 기관들이 자유롭게 돌아다니는데, 특히 여성의 자궁은 독립적인 생물체라고 간주했다. 즉, 자궁은 여성의 몸 속에 있는 또 하나의 짐승으로 여성이 성장한 후에 아이를 갖지 않으면 화를 낸다고 믿었다.

그는 한술 더 떠서 여성의 자궁이 온몸을 돌아다니며 각 신체 기관들의 역할, 특히 호흡을 방해해서 갖가지 병을 일으킨다고 아주 이색적인 주장을 펼쳤다. 그렇기 때문에 더욱 여성들은 아기를 낳을 수 있을 때까지 낳아야 한다는 것이다.

✤ 예수의 탄생을 예언하다

우리가 알고 있는 예수의 탄생에 대한 위대한 예언은 기독교의 『구약성경』
에만 나오는 것이 아니다.

소크라테스의 수제자인 플라톤도 예수가 죄인으로 십자가에 못 박힐 것이
라는 예언을 남겼다. 그는 예수가 태어나기 600년 전에 살았던 철학자이다.

디오게네스

Diogenes B.C. 400(?)~323

❖ 잘못 전해 내려온 전기

역사의 기록에서 100% 공정성을 기대할 수 있을까?
디오게네스는 간소하고 욕심 없는 삶을 살았다고 알
려져 있다. 하지만 그는 가짜 돈을 만들었다는 죄목
으로 고향인 시노페에서 쫓겨나 아테네에 와서 안티
스테네스의 제자가 되었다고 한다.

또한, 그가 평생을 통 속에서 살았다는 이야기는 과장
된 것이 분명하다. 이것은 아마도 로마의 한 철학자가
쓴 『디오게네스의 전기』의 영향인 것으로 보인다.

"디오게네스같이 소박하고 천진난만한 생활방식을
지닌 사람이라면 어떤 곳이든, 예를 들면 동물들처럼
통 속에서도 편히 지낼 수 있을 것이다."

이와 같은 전기 내용이 그런 오해를 불러왔을 것이라
고 추측한다.

디오게네스

그리스의 키니코스학파의 대
표적 철학자. 시노페의 디오게
네스라고도 한다. 스토아 학파
의 철학자들로부터는 이상적
인 현자로서 추앙되었다.

❖ 괴짜 에피소드

그가 일광욕을 하고 있을 때 알렉산드로스 대왕이 찾아와서 소원을 물었더니 "해를 가리지 말고 비켜 주시오."라고 말했다는 일화는 유명하다.

이렇게 괴짜 행동을 잘 했던 디오게네스는 사람들이 하는 일이면 무슨 일이든 대중 앞에서 못할 것도 없다고 큰소리를 쳤다. 그는 주위를 의식하지 않고 길바닥에서 대소변은 물론 자위행위까지 했다고 한다.

진리의 등불을 높이 들었던 위대한 철학자. 그의 뒤편에 가려진 커튼을 열면 이처럼 재미있고 황당한 에피소드가 숨겨져 있는 것이다.

❖ 평범하지 않은 주장들

디오게네스는 엉뚱한 행동과 주장으로 유명했다. 그는 국가제도와 결혼제도를 강력하게 부인했고, 근친상간을 정당화하는 희곡을 썼다.

"여러 명의 남자들로부터 사랑 받는 여인이라면, 그녀는 여러 명의 남자와 서로 사랑을 나누어도 된다."

❖ 기인의 최후는 소와 함께

디오게네스는 말 그대로 기인다운 최후를 맞이했다.

그는 음식 중에서 날 것을 그냥 먹는 습관이 있었다. 그가 80세가 되던 어느 날, 평소처럼 소고기를 날 것으로 그냥 먹었다. 그리고 며칠 후 그가 사망했는데 역사학자들은 콜레라에 걸려 죽었을 것이라고 추측한다.

Aristoteles B.C. 384~322

아리스토텔레스

❖ 말더듬이 철학자

아리스토텔레스는 17세 때 아테네로 가서 플라톤의 아카데미아에 들어갔고 스승이 죽을 때까지 그곳에 머물렀다. 그 후 여러 곳에서 연구와 교수를 거쳐 희랍의 위대한 철학자로 칭송되었다. 그는 이 동안에 알렉산드로스 대왕도 교육하였다.

하지만 언변이 뛰어난 철학자로 알려진 아리스토텔레스는 청중을 모아 연설을 할 때 말을 심하게 더듬었다. 더구나 동성애를 즐겼고, 두 번 결혼하는 등 방탕한 생활을 일삼았다.

❖ 아성이 무너지다

아리스토텔레스는 그리스뿐만 아니라 세계 역사상 최고의 철학자로 인정받았다. 그는 물리학, 생물학 등에

아리스토텔레스

플라톤과 함께 그리스 최고의 철학자로 꼽힌다. 형식의 논리학을 세워 삼단논법의 명제론·추리론·논증·정의·분류·오류 추리 등을 상론한 것은 최대의 업적이다.

서도 최고의 권위를 지켜왔다. 그러나 1,800년 이후부터 아성에 금이 가기 시작했다. 이탈리아의 천문학자인 갈릴레이가 그의 견해를 반박하고 오류를 증명했기 때문이다.

❖ 엉터리 자연철학

갈릴레이의 반박 이후 계속해서 아리스토텔레스의 잘못된 주장들이 발견되기 시작했는데 그 중 대표적인 것을 몇 가지 살펴보자. 아리스토텔레스의 명성에 비해 정말 황당한 주장이 아닐 수 없다.

- 첫째, 화살과 돌 같은 물체가 날아가는 것은 공기 때문이다.
- 둘째, 인간의 감각과 지성은 두뇌가 아니라 심장에 의해서 생겨난다.
- 셋째, 무거운 물체가 가벼운 물체보다 무조건 빨리 떨어진다.
- 넷째, 인간의 뇌란 단순히 피를 식히는 기관이다.

❖ 구더기에 관한 오류

어느 날 아리스토텔레스는 동물의 썩은 시체 속에서 생겨난 구더기를 보며 무릎을 쳤다.

"아 그렇구나!"

그것을 보고 그는 모든 생물은 조상이 없어도 생겨난다고 주장했다. 이런 사실은 알고 19세기 말의 한 수학자는 그를 완전히 깎아 내렸다.

"아리스토텔레스의 자연철학 등 그의 모든 주장은 처음부터 끝까지 완벽하게 잘못되어 있고 아무런 가치도 느끼지 못한다."

마호메트

Mahomet 570(?)~632

❖ 돈 많은 과부와 결혼

마호메트는 어려서 부친을 여의고 사막을 오가는 대
상무역에 종사했다. 그의 나이 25세가 되던 595년,
당시 대상무역의 주인인 40세의 과부 하디자와 결혼
하여 인생의 대전환기를 맞았다.

비록 15세나 연상의 아내를 맞았지만 마호메트는 그녀
의 부를 바탕으로 이슬람이라는 대역사를 만들었다.

❖ 진리를 찾게 된 이유

마호메트가 진리를 찾아 동굴 속에서 수도에 전념할 수
있었던 것은 다음 세 가지 조화를 이루었기 때문이다.
첫째는 그에게 타고난 종교성이 있었고, 둘째는 나이
많은 아내와 살면서 찾아온 권태기였고, 셋째는 돈
많은 아내와의 결혼으로 갑자기 부자가 됨으로써 경

마호메트

고대 아라비아의 예언자(nabi)
·이슬람교의 창시자. 25세
때 15세 연상인 부유한 과부
하디자와 결혼. 마호메트교는
우상 숭배를 배척하고 계율이
엄격한 종교로 기독교 및 유대
교의 영향을 많이 받았다.

제적인 자유를 누릴 수 있었기 때문이다.

❖ 11명의 아내

일부다처제가 합법화되어 있는 이슬람. 하지만 현재는 여성들이 부족해 한 명의 아내도 구하기 힘든 실정이라고 한다.

마호메트는 자신의 아내가 죽은 후 11명의 여성을 다시 아내로 맞이했다. 하지만 이런 일부다처제는 마호메트 자신을 위하는 일만은 아니었다.

그 당시에는 수없이 많은 전쟁이 일어났고, 젊은 남자들은 전쟁터에서 죽어 갔다. 그래서 마을마다 과부와 처녀들이 넘쳐 났는데, 일부다처제는 그녀들의 생활을 돌보기 위한 한 방편이었다. 마호메트는 자신이 먼저 솔선수범하여 일부다처제를 합법화했던 것이다.

❖ 이자는 국가를 파멸시킨다

역사적으로 돈을 불리는 최고의 좋은 방법은 뭐니뭐니 해도 고리대금이다. 그리스로부터 시작해서 로마시대까지는 고리대금의 황금시대였다.

이슬람의 경전인 『코란』에는 고리대금은커녕, 이자를 주고받는 행위를 엄격히 금지하였다. 현재에도 이슬람교도들은 이자를 받지 않는다.

❖ 억울한 죽음

이슬람의 창시자인 마호메트는 억울하게 죽음을 맞이했다. 마호메트는 그의 신성함을 시험하는 추종자들의 계략에 의해서 독약을 마시고 생을 마감했다.

사랑 때문에 거세당한 철학자

아벨라드

Abelard, Pierre 1079~1142

❖ 촉망되는 젊은이의 추락

12세기 최고의 저명한 스콜라 철학자였던 아벨라드
는 사람들을 사로잡고 열광시키는 연사로서 많은 군
중들을 몰고 다녔다. 그의 저술은 토마스 아퀴나스에
게 커다란 영향을 주는 등 많은 중세 지식인들을 길
러냈다. 하지만 여제자 엘로이즈와의 비밀 연예가 발
각되어 그 명성을 잃었다.

❖ 스승과 제자의 사랑

38세가 되던 해에 그는 엘로이즈라는 아름다운 처녀의
가정교사가 되었다. 그녀의 삼촌은 정치적으로 큰 권
력을 가지고 있는 인물이었기 때문에 사랑하는 조카를
위하여 당시에 명성이 있는 아벨라드를 스승으로 삼았
던 것이다.

아벨라드

프랑스의 스콜라 철학자 · 신학
자로 A. 기욤으로부터 당시 변
증법이라고 일컬어지던 논리학
과 수사학을 공부했다. 5백 명
이나 되는 제자를 길러낸 인물
로 『나의 불행한 이야기』, 『신
의 일체성과 위격에 관하여』 등
의 저술을 남겼다.

229

그러나 아벨라드와 17세의 여제자는 사랑에 빠졌고 아이까지 생기게 되자 두 사람은 비밀리에 결혼을 계획했다.

❖ 철학자, 거세당하다

엘로이즈의 가족들은 아벨라드와의 관계를 알고 분노했다. 결국 두 사람의 화해 노력에도 불구하고 엘로이즈의 삼촌은 암살단까지 동원하여 아벨라드를 때려눕히고 남성의 상징을 거세해 버렸다.

❖ 나의 불행한 이야기

결혼에 실패한 엘로이즈는 한 수녀원으로 피신했고, 그곳에서 1129년까지 수녀원장으로 있으면서 신학 사상가가 되었다.

아벨라드는 수사(修士)가 되었고, 현재의 기도원 형태인 파라클레 수도원을 설립했다. 그는 『나의 불행한 이야기』라는 제목으로 자신이 겪은 고통을 책으로 출판하여 유럽의 베스트 셀러를 만들었다. 이 책은 전 유럽 사람들뿐만 아니라 교황청 안에서도 몰래 읽혔다.

❖ 영원한 사랑

아벨라드가 1142년 4월 21일에 사망하자, 엘로이즈는 1164년 63세로 죽을 때까지 무려 22년 동안 그의 무덤을 지켰다.

그 후 이들은 한 수도원에 있는 무덤에 함께 매장되었으며, 1817년 파리 공동묘지인 페리 라셰즈로 이장되었다. 지금도 수많은 관광객과 연인들이 두 사람의 무덤을 찾아 그들의 못다 이룬 사랑을 위로하고 있다.

루터

Luther, Martin 1483~1546

❖ 말도 안 되는 소리

루터는 코페르니쿠스의 논리에 분노했는데 이유는 지동설을 주장했기 때문이다.

"그는 싸구려 점성가에 불과하다. 감히 천문학을 자기 마음대로 뒤집으려 하다니……. 구약성서에 보면 여호수아가 태양을 멈추라고 했지, 지구를 멈추라고 하지는 않았다!"

누가 먼저 말도 안 되는 소리를 했는지는 나중에 밝혀졌다.

❖ 즐거움은 오직 먹는 것

종교개혁의 선봉장으로 나선 루터는 대단한 활약을 펼쳤다. 하지만 그는 평생동안 위궤양, 치질, 담석 등의 질병으로 고통을 당해야 했다.

루터

독일의 종교 개혁자로 프로테스탄티즘의 수립자. 1517년 10월 로마 교황이 허가한 면죄부의 종교적 효력을 비판한 '95개조 논제'를 발표하여 종교 개혁의 단서를 만들었다.

미식가이면서 대식가로 알려진 루터의 최고 즐거움은 오직 먹는 것이었다. 그를 평생 괴롭혔던 위궤양, 담석 등은 음식을 절제하지 못한 데서 온 질병이라고 추측된다. 그는 심한 위궤양으로 고생하면서도 맥주를 마시기 시작하면 몇십 잔이나 비웠다.

❖ 연상의 수녀와 결혼

루터는 12명의 수녀들이 결혼을 하길 원하며 수녀원에서 도망치려고 하자 물고기들을 실어 나르는 마차로 탈출을 도와주었다. 그리고 직접 중매쟁이로 나서서 결혼까지 주선해 주었다.

그런데 그 중 캐서린이라는 수녀는 상대를 찾을 수가 없었다. 그녀는 루터가 소개하는 모든 남자들을 거부했다. 이미 마음속으로 루터를 사모하고 있었기 때문이었다. 일이 이렇게 되자 루터는 그 여성의 마음을 받아들여 좋은 남편이 되기로 맹세했고 얼마 후 두 사람은 결혼했다. 그때 캐서린은 26세로 루터보다 2살이 더 많았다.

❖ 금욕에 관한 정의

루터의 결혼은 교황청을 발칵 뒤집어 놓았다. 신부와 수녀의 금욕은 당연한 것이었기 때문에 두 사람의 결혼은 그때까지 상상도 할 수 없는 일이었다. 그러나 루터는 신부의 신분이면서 당당하게 결혼했고 금욕에 대하여 다음과 같이 정의했다.

"금욕이란 마귀가 만들어낸 악의 도구로 죄악의 원인이 된다."

❖ 엉덩이에 대한 견해

루터는 남성우월론자였는지도 모른다. 그는 가끔씩 여성들을 비하하는 말들을 하곤 했는데 여성들의 엉덩이에 대한 견해를 들어보면 그의 진심이 무엇인지 알 수 있다.

"여성의 엉덩이는 남성에 비하여 엄청 크다. 그 이유는 무엇이겠는가? 그것은 여성이 집 안에만 있어야 한다는 증거이다. 하나님께서 여성의 엉덩이를 크게 만드신 것은 아이들을 낳고 집에 오래 앉아 가정을 지키게 하기 위해서다. 여성들은 그 본분을 결코 잊으면 안 된다!"

❖ 잔인한 이중 인격자

성직자 루터는 잔인한 이중 인격자였다.

"노예들을 어떻게 다루어야 하지요?"

사람들이 이렇게 물어오자 그는 단호히 말했다.

"노예는 좋은 말로 다루면 안 되지. 애굽의 바로가 이스라엘 사람들을 다룬 것 이상으로 엄하게 길들여야 해!"

또한, 루터는 종교개혁이 인정된 후에도 하나님의 선민이라고 자부하던 유태인들이 자기들만의 종교 즉 유대교를 고수하자, 이에 분개한 나머지 유태인들의 책『탈무드』를 압수하고 그들을 이 땅에서 영원히 추방시켜야 한다고 독설을 퍼부었다.

7장

마구잡이 발견자들

Columbus, Christopher 1451~1506

인디언들의 저승사자

콜럼버스

콜럼버스

이탈리아 항해가 · 탐험가. 아
메리카 대륙의 발견자. 미국
인디언들로부터 담배를 처음
수입해서 유럽에 퍼뜨린 것으
로 유명하다.

❖ 여왕의 마음을 사로잡다

스페인의 이사벨라 여왕은 화끈하게 콜럼버스를 지
원했다. 그녀는 콜럼버스를 위해 두 번이나 성대한
연회를 열었는데 그 비용은 콜럼버스가 항해하는 데
후원했던 금액에 결코 뒤지지 않는 엄청난 액수였다.
왜 이사벨라 여왕은 신하들이 반대하는 악조건 속에
서도 콜럼버스의 아낌없는 후원자가 되었을까? 그
당시의 여러 정황을 살펴보면 추측이 가능하다.

뛰어난 외모와 차분한 성격의 아름다운 여왕은 남편
과의 사이가 그리 좋지 않았다. 외아들의 죽음과 딸들
의 잇따른 결혼 실패 등 주변의 우울한 상황으로 시름
에 잠겨 있었다. 그때 용감하고 잘생긴 콜럼버스를 만
나자 그를 사모하게 되었고 아낌없는 후원자가 된 것
이다.

❖ 유럽에 퍼트린 재앙

콜럼버스는 항해에서 돌아오면서 인디언들에게 담배를 얻어와 처음으로 유럽에 퍼트렸다. 이와 함께 인간의 타락을 꾸짖는 신의 형벌, 매독 바이러스를 전 세계에 퍼트렸다. 신대륙에서 만난 다른 인종과의 난잡한 섹스는 매독균이라는 선물로 포장되어 콜럼버스를 괴롭혔다.

❖ 인디언들의 저승사자

콜럼버스는 인디언들에게 저승사자와도 같았다. 그가 아메리카 대륙에 머문 5년 동안 1,500,000명 이상의 인디언들이 콜럼버스를 비롯한 서양 사람들에 의하여 살해되었다. 그의 신대륙의 발견은 인디언들에게는 종말의 시작이었다. 콜럼버스가 두 번째 탐험을 끝내고 돌아올 때 500명의 인디언을 데리고 왔고 그들은 노예로 비참한 생활을 시작해야 했다.

❖ 인디언은 노예로 태어난 운명

콜럼버스가 성공적으로 탐험을 끝내고 돌아오자 그를 위해 성대한 연회가 열렸다. 그 자리에서 콜럼버스는 스페인의 국왕과 여왕에게 인디언들을 크게 칭찬했다.

"인디언들은 신사적이고 항상 얼굴에 미소를 띄고 있습니다. 또한, 따뜻한 성품과 인간을 사랑할 줄 아는 사람들입니다. 그리고 항상 순종하며 남의 것을 탐낼 줄 모르고 무기를 싫어합니다."

그런데 콜럼버스는 여러 가지 대화를 나누다가 최종적으로 인디언들을 이렇게 평가했다.

"폐하, 그렇기 때문에 신대륙의 인디언들은 우리들을 위한 충직한 노예로 가장 합당하다고 생각됩니다!"

✣ 콜럼버스의 달걀은 없다

사람들은 발상의 전환을 강조하면서 "달걀의 밑을 깨고 세우면 된다."라는 콜럼버스의 말을 인용하는 것을 종종 볼 수 있다. 그러나 이 논리는 콜럼버스가 발견한 것이 아니라 〈한스의 달걀 이야기〉를 마치 자신이 생각한 것처럼 인용한 것이다.

어느 날 아랍의 귀족들이 탁자에 빙 둘러앉아 달걀을 똑바로 세우던 놀이를 했는데 도무지 세워지지가 않았다. 그때 마침 한스라는 하인이 이것을 보고 있다가 달걀을 깨뜨려 세웠다. 콜럼버스는 아랍지방에서 내려오던 그 이야기를 남보다 먼저 알고 활용했을 뿐이다.

✣ 지구는 여자의 유방 모양이다

"지구는 평평하지도 않고 둥글지도 않다. 지구는 여자의 유방과 같다."

콜럼버스는 지구의 모습이 여성의 유방처럼 생겨서 그 가장 높이 솟은 곳이 하늘에 가장 가까운 산이라고 생각했다. 이렇게 생각하게 된 동기는 세 번째 항해에서 엄청난 파도를 만나 위험에 처한 적이 있었는데 높이 치솟아 올랐다가 떨어지는 파도를 보며 이 같은 결론을 내렸다.

✣ 뿌린 대로 거두는 법

콜럼버스는 중앙 아메리카를 여러 번 탐험하며 그곳에서 자연스럽게 높은 지위와 권력을 누릴 수 있게 되었다. 그러나 거듭되는 탐험에서 탐욕과 잔인성을 보인 그는 결국 '아프리카 탐험가'라는 고상한 칭호에서 '항해의 잔인한 악마'로 떨어졌다.

그가 마지막 원정에서 귀국했을 때 사람들은 모두 그를 외면했다.

✥ 떠돌아다니는 유해

1506년 콜럼버스는 스페인에서 사망했다. 그러나 그는 편안한 휴식처를 찾
지 못했다. 1509년 죽은 지 3년이 지난 후 그의 관은 트리아나로 옮겨졌다.
그로부터 32년 뒤 1541년에 그의 관은 또다시 도미니카 공화국으로 옮겨졌
고 마침내 그곳에서 영원히 쉴 수 있게 되었다.

Galilei, Galileo 1564~1642

갈릴레이

갈릴레이

이탈리아의 천문학자 · 물리학자 · 수학자 · 철학자. 피사에서 출생. 근대 과학의 시조로 불린다. 그의 생애는 르네상스와 근대와의 과도기에 해당되며, 구시대적인 것과 새로운 것이 그의 생활이나 과학 속에 공존하고 있었다.

❖ 계란으로 바위를 치다

갈릴레이의 시대에도 위대한 철학자 아리스토텔레스의 영향력은 대단하여 어느 누구도 그의 사상에 감히 반박할 수 없었다.

그러나 갈릴레이는 이에 굴하지 않고 계란으로 바위를 쳐버렸다. 그는 돌이 무거우면 무거울수록 속도가 빨라진다는 아리스토텔레스의 이론이 틀렸다고 정면으로 반박한 것이다. 그러자 유능한 교수였음에도 불구하고 피사 대학의 교수직에서 물러날 것을 강요당했다.

21세기 첨단을 달리고 있는 지금에도 소수 의견은 부당한 대접을 받는데 하물며 갈릴레이가 살았던 그 시대야 더 말해 무엇하겠는가.

❖ 갈릴레이는 미친 사람

갈릴레이는 자신의 천문 관측 결과에 의거하여 코페르니쿠스의 지동설에 대한 믿음을 굳히는데, 이것이 로마교황청의 반발을 사기 시작하였다.

특히, 루터는 갈릴레이가 지동설을 주장하자 그 누구보다도 먼저 나서서 그를 비난하기 시작했다.

"갈릴레이는 천문학의 체계를 전복시키려는 미친 사람이다. 성경에는 여호수아에게 '태양아, 멈추어라!' 라고 명했다고 쓰여져 있다."

루터는 『성경』의 내용을 들먹이며 갈릴레이를 호되게 비난했다.

❖ 기록에 전혀 없는 말

역사는 기록하는 자의 소유물이라는 말처럼 목에 걸면 목걸이, 귀에 걸면 귀걸이로 만들 수 있는 능력이 역사가들에게는 있다.

"그래도 지구는 돈다!"

이 말은 갈릴레이가 지동설을 주장하여 종교재판을 받았을 때 했던 말이라고 전해진다. 그런데 당시의 소송 기록에는 그런 얘기가 쓰여 있지 않았고, 갈릴레이가 남긴 글이나 편지에도 그 내용이 없으며, 그 외 다른 기록에도 전혀 나오지 않는다.

❖ 망원경은 누구의 발명품?

네덜란드에서는 갈릴레이 이전부터 망원경이 사용되었고, 또한 그보다 100년 전에 살았던 레오나르도 다 빈치도 '달을 크게 볼 수 있는 유리'를 만들려고 시도했다. 이런 여러 가지 기록으로 미루어 보아 망원경의 최초 발명자는 갈릴레이가 아닌 게 확실하다.

망원경을 만든 최초의 사람으로 기록된 인물은 네덜란드인 리페르세이이다. 그가 네덜란드에서 망원경을 만들어 벨기에에서 판매한다는 이야기를 전해들은 갈릴레이가 곧바로 같은 모양의 망원경을 만들어서 별을 관찰했던 것이다.

이처럼 갈릴레이의 업적은 망원경을 만들었다는 사실보다 처음으로 망원경을 우주관측에 사용하여 그때까지 눈으로는 보이지 않던 신비로운 우주의 세계를 사람들에게 열어 보였다는 데 있다.

그는 자신이 만든 망원경으로 수많은 별들을 관찰하다가 결국 말년에는 시력이 나빠져 앞을 전혀 볼 수 없었다.

Newton, Sir Isaac 1642~1727

뉴턴

❖ 세 가지 놀라운 발견

뉴턴은 영국이 낳은 근대 이론 과학의 선구자였다. 그는 세계 역사상 놀랄 만한 세 가지 발견을 내놓았다.

첫째가 현대 수학의 기초가 되는 '산수법' 이고, 둘째가 과학의 기초가 되는 '빛의 스펙트럼 구성법' 이고, 셋째가 '만유인력의 법칙' 을 확립한 것이다.

이 세 가지의 발견으로 그는 불후의 이름을 남겼다.

❖ 국회의원이 되다

언뜻 생각하면 '국회의원 뉴턴' 의 모습은 잘 떠오르지 않는다. 하지만 그도 한때 권위의 상징인 국회의원으로 정계에 입문하였다. 그런데 당연하게도 정치는 그에게 잘 맞지 않았다. 그가 국회에서 발언한 유일한 말은 이렇게 기록되어 있다.

뉴턴

영국의 물리학자·천문학자·수학자. 근대 과학 성립의 최고의 공로자이며, 그가 주장한 '자연은 일정한 법칙에 따라 운동하는 복잡하고 거대한 기계' 라고 하는 역학적 자연관은 18세기 계몽사상의 발전에 큰 영향을 주었다.

"답답하니 창문을 열어 주시오!"

❖ 연구논문이 사라지다

뉴턴이 케임브리지 대학에서 교수로 강의하고 있을 때였다.

그는 심혈을 기울여 '색과 빛에 대한 연구'를 거듭하고 있었는데 그 연구는 장장 5년이라는 세월을 넘어가고 있었다. 하지만 그토록 온 힘을 기울여 연구를 끝내고 논문을 탈고하자마자 그만 그 연구논문을 잃어버리고 말았다.

❖ 사과 이야기의 오류

만유인력의 법칙을 말할 때 빠지지 않는 양념이 바로 '뉴턴의 사과 이야기'이다. 뉴턴이 자신의 머리 위로 떨어진 사과를 보고 나서 이 우주도 그와 같은 힘이 적용되는지를 생각하기 시작했다는 것이다.

그러나 이 이야기 중 잘못 전해 내려오는 부분이 있는데, 사과는 그냥 땅으로 떨어졌을 뿐 뉴턴의 머리 위로 직접 떨어지지는 않았다.

❖ 뉴턴의 이력서

1665년 뉴턴은 23세의 나이로 세 가지 놀라운 발견을 내놓으며 과학자의 길로 들어섰다. 그런데 갑자기 1687년 44세에 신학자로 변신하여 사회 활동을 시작했다.

그리고 1696년 53세에는 왕립 조폐국에 취직해서 국장으로까지 승진했다. 그 후 30년이 넘도록 공직생활을 했다. 그는 1703년 왕립협회 회장으로 추천되고 1705년 나이트 칭호를 받았다.

이처럼 뉴턴의 이력서를 살펴보면 그가 과학자로서 업적을 남긴 기간은 21

년인 반면, 공직생활을 한 기간은 무려 30년이 넘었다.

✤ 아, 그렇군!

뉴턴은 무슨 일이든 그것에 몰두하기 시작하면 다른 일은 전혀 생각하지 못했다.

어느 겨울날, 하루 종일 난로 곁에 앉아 책을 읽고 있던 뉴턴은 너무 더웠다. 참다 못한 그는 하인을 불러 난로를 다른 곳으로 옮기라고 했다.

그러자 하인이 고개를 갸우뚱하며 말했다.

"선생님, 조금만 뒤로 물러나시면 어떨까요?"

뉴턴은 그 말에 감탄하였다.

"아, 그렇군! 자네는 역시 뛰어나!"

Nobel, Alfred Bernhard 1833~1896

다이너마이트로 돈을 번 억만장자
노벨

노벨

스웨덴의 발명가 · 화학 공업가. 발명 및 특허출원으로 막대한 재산을 모았다. 그는 유언으로 유산 중 3,200만 크로네(170만 파운드)를 스웨덴 과학아카데미에 기부하여 노벨상을 제정하였다.

❖ 합판 발명자

다이너마이트 하면 노벨이 생각나고, 노벨 하면 노벨상이 생각난다. 하지만 그에 못지 않은 위대한 발명품이 하나 더 있는데 그것은 합판(Plywood)이다.

합판은 작은 목재로 너비가 넓은 판을 손쉽게 대량으로 생산할 수 있을 뿐 아니라 목재의 결점인 흠이나 갈라짐, 옹이 등이 제거되는 등 목재의 단점을 보완하여 가구, 벽, 문 등의 건축 자재로 사용되었다. 노벨은 인테리어 분야에도 그 이름을 남긴 것이다.

❖ 다이너마이트로 억만장자가 되다

노벨은 뛰어난 발명가였다. 그런데 그보다 더 뛰어난 점은 그가 타고난 사업가였다는 사실이다.

노벨은 다이너마이트 등 두 개의 특허를 가지고 막대

한 특허수입을 올릴 수 있었고 이를 발판으로 독자적인 공장을 경영하였다. 그는 스웨덴, 독일, 영국 등에 공장을 연이어 건설하여, 1886년 세계 최초로 국제적인 회사인 '노벨 다이너마이트 트러스트사' 를 창설하였다.

❖ 다이너마이트에 관한 변명

노벨은 강력한 폭발을 일으키는 다이너마이트 때문에 억만장자가 되었지만 한편으로 평화애호주의자들의 비난을 피할 수 없었다. 비난의 목소리가 더욱 커져가던 어느 날 그는 이런 변명을 남겼다.

"모든 것을 완전히 파괴시키는 강력한 무기가 만들어진다면, 전쟁을 당하는 국가뿐 아니라 전쟁을 도발한 국가 모두 말살될 것이 불 보듯 뻔하다. 그러므로 이런 강력한 무기 때문에 모든 나라는 전쟁을 포기하게 될 것이다."

노벨의 변명은 생명력이 길었다. 이 말은 군사력을 증강하려는 모든 국가들에게 이용당했다. 냉전시대 핵 강대국들은 노벨의 변명을 인용하면서, 세계 평화를 위한다는 거짓 논리로 무기 개발에 전력을 기울였다.

❖ 시대에 악역을 맡은 희생자

자신이 만든 다이너마이트가 전쟁에서 강력한 무기로 사용되어 많은 희생자, 전사자가 속출하자 노벨은 깊은 실의에 빠졌다.

어쩌면 그는 시대의 악역을 맡은 것인지도 모른다. 만약 그가 다이너마이트를 발명하지 않았더라도 결국 언젠가 다른 사람에 의해서 만들어졌을 것이다. 그나마 양심적인 노벨에 의해 다이너마이트가 발명된 것은 아주 다행한 일이었다.

그는 마지막으로 인류에 속죄하는 마음으로 세계적인 평화상을 만들 것을 유언으로 남겼다. 그렇게 해서 '노벨 평화상'이 제정되었다.

❖ 여복 없는 불행한 발명가

노벨은 평범한 가정 생활을 원했지만 평생 여복이 없었다.

그가 18세 때 결혼까지 생각할 정도로 사랑했던 여성은 결핵으로 급사했고, 40대에 세계적 실업가가 된 그의 마음을 흔들어놓은 여성은 이미 약혼자가 있었다.

그 뒤 노벨은 정숙치 못하다는 평을 들었던 23세 연하의 여성과 우여곡절을 겪으며 20여 년 간 함께 지냈지만, 그녀는 결국 바람이 나서 다른 남자와 살림을 차렸다. 노벨이 죽은 후 그녀는 노벨과 함께 살았던 것이 인정되어 엄청난 유산을 상속받았다.

에디슨

Edison, Thomas Alva 1847~1931

✤ 저능아로 퇴학당하다

에디슨은 모든 아이들에게 발명왕의 꿈과 희망을 주
는 위인이다. 하지만 그의 잠재력은 어린 시절에는
철저히 감춰져 있었다.

에디슨은 초등학교 시절 '저능아'라고 하여 퇴학을
당했다. 그는 자신을 가르쳤던 교사들에게조차도 전
혀 인정을 받지 못했다. 그와 가까운 이웃과 친척들
역시 그에 대하여 악담을 던졌다.

"이 애는 결코 성공하지 못할 것이다!"

✤ 대표적인 발명품 10가지

에디슨의 대표적인 발명품은 전기, 축음기, 라디오 진
공판, 영사기, 전기 소켓, 축음기 레코드, 밧데리, 자
동 전동기, 철도 신호기, 광석 분쇄기 등 10가지로 압

에디슨

미국의 발명가. 모두 1,300여
종이 넘는 발명 특허를 냈다.
"천재는 2퍼센트의 영감과 98
퍼센트의 노력의 보람인 것이
다."라는 말은 그의 생애를 웅
변적으로 말해주고 있다.

축할 수 있다. 그는 이 외에도 1,000여 가지가 넘는 발명특허를 등록, 세계적인 기록을 갖고 있다.

❖ 천재 구두쇠

왕구두쇠 하면 석유 왕 J. 폴 게티가 빠지지 않는다. 그는 집무실에 특별히 공중전화를 설치해 놓고 자신을 찾아온 손님들에게 그 공중전화를 쓰게 할 정도로 구두쇠였다. 그는 1976년 4,000,000,000달러를 남기고 죽었다.

에디슨도 '천재 구두쇠' 라는 이름에 걸맞게 일찍부터 구두쇠 자질을 보였다. 그러나 에디슨과 폴 게티는 전혀 차원이 다른 구두쇠였다.

폴 게티는 캘리포니아에 자신의 이름을 딴 박물관을 건립했고, 이 박물관의 운영비까지 내어놓았다. 그러나 에디슨의 관심은 오로지 돈과 발명뿐이었다. 그는 공장을 운영하면서 공원들에게 밤늦도록 일을 시키고도 최저 임금만 지불했고, 작업장의 안전 시설은 물론 위생 상태도 매우 지저분했다.

❖ 형편없는 가장

에디슨은 평생 대부분의 시간을 실험실에서 보냈으며 자신의 가족들에게 전혀 관심을 기울이지 않았다. 그의 아내는 우울증과 외로움으로 정신질환에 걸렸으며, 큰아들은 알코올 중독으로 고통을 당하다 결국에는 자살로 먼저 세상을 떠났다.

에디슨은 오늘날 위대한 발명가로 세상에 우뚝 서 있다. 자신의 화려한 커튼 뒤에 가족들의 불행과 아픔을 꼭꼭 숨겨둔 채로 말이다.

❖ 불면증과 낮잠

에디슨은 하루에 밤잠을 4시간 밖에 자지 않았는데 사람들은 그가 잠자는 시간마저 아끼며 발명에 몰두했다고 알고 있다. 그러나 그 이유는 다른 데 있었다. 바로 에디슨이 불면증 환자였기 때문이다. 그는 점심식사 후에는 대부분 2시간 정도 달콤한 낮잠을 즐겼다.

❖ 최초의 확실한 리콜제

에디슨은 자신의 발명품 중에서 특히 전구와 배터리의 발명에 온 정성을 다했다. 그는 배터리를 제품으로 생산하기 위해 공장을 세웠는데 엄청난 자금이 투자되었다.

그런데 1905년 자신이 만들어 판매한 배터리에 중대한 결함이 발견되자 그는 판매된 모든 배터리를 환불해 주는 조치를 취했다. 품질과 신용을 담보로 한 확실한 리콜제의 시작이었다.

❖ 백열등 에피소드

전기의 선구자 에디슨은 초창기에 많은 곤혹을 치렀다. 백열등은 에디슨이 발명하진 않았지만 그는 백열등의 효용 가치를 알고 사람들이 일상생활에서 실제로 사용할 수 있도록 하기 위해 연구에 연구를 거듭했다. 하지만 에디슨이 처음으로 가정용 백열등을 만들자 많은 전문가들의 비난이 쏟아졌다.

"무슨 말인가? 가정에서 백열등을 사용한다고? 이것은 기술적으로 전혀 불가능하고, 어리석은 생각이다!"

그러나 5년도 안 되어 일반 가정에서 백열등이 켜지기 시작했다.

❖ 실패는 성공의 지름길

"당신은 얼마나 많은 실패를 경험했습니까?"

사람들에게 이런 질문을 받고 에디슨은 이렇게 대답했다.

"나는 실패하지 않았습니다. 오히려 성공했습니다. 왜냐하면 이번의 실패로 다음에 성공할 수 있는 많은 방법을 발견했기 때문입니다."

에디슨은 가장 많은 발명을 한 위인이자 가장 많은 실패를 경험한 사람이기도 했다.

아인슈타인

Einstein, Albert 1879~1955

✣ 과학자는 잠꾸러기

우리나라 고3 학생들간에는 '4당 5락' 이라 하여 '4시간만 자면 대학에 가고 5시간 자면 떨어진다' 라는 속설이 있다.

그러나 적어도 아인슈타인에게 있어서 그건 말도 안 되는 소리다. 그는 하루에 적어도 10시간이 넘게 잠을 자는 잠꾸러기였다. 다시 한번 아인슈타인의 천재성이 입증되는 일이 아닌가?

✣ 머리에 쥐나는 상대성이론

아인슈타인의 상대성이론이 세상에 알려졌을 때, 그의 이론을 이해한 사람은 10여 명에 불과했다. 하지만 상대성이론의 탄생은 그 시대의 사상(思想)에도 큰 영향을 주었다. 새로운 시간·공간의 구조에 대한 개념은

아인슈타인

미국의 이론 물리학자. '상대성이론' 의 창시자. 1921년 노벨 물리학상을 받았다. 그의 연구는 불변의 진리라고 여겨오던 뉴턴의 물리학에 근본적 변혁을 가져옴으로써 20세기 이후의 물리학에 새로운 자극을 불어넣었다.

경험주의적 흐름에 자극을 주었을 뿐만 아니라 형이상학의 기초가 되었다.

⁂ 상대성이론과 노벨상은 전혀 별개

아인슈타인이 받은 노벨 물리학상은 상대성이론 덕분이 아니라, 「광전 효과에 대한 연구 논문」에 의한 것이었다. 하지만 그가 정작 유명해진 계기는 '상대성이론' 때문이었다.

이 광전 효과 연구 논문이 상대성이론보다 16년 전에 발표된 것을 생각한다면 아인슈타인에게 있어서 노벨상 수상은 '상대성이론'이 있게 한 원동력이 되었던 것으로 보인다.

⁂ 양말을 신지 않는 교수

요즈음은 끼가 넘치는 교수들마다 자신의 캐릭터나 특성을 알리기 위한 방편으로 각양각색의 노력을 펼치는 것을 볼 수 있다. 이런 현대의 흐름을 아인슈타인은 일찍부터 시도했다. 그는 대학 강단에서 학생들 앞에 섰을 때 양말을 신지 않고 강의를 하는 것으로 유명했다.

⁂ 냉장고 특허 소동

1920년대 아인슈타인의 천재성은 가전제품 시장에서도 그 영향력을 미칠 뻔하였다. 그는 당시의 냉각 기술에 대해 상당한 불만을 가지고 있었다. 그래서 냉장고와 관련한 특허를 상당수 내놓았다. 그 중 세 가지 정도를 가전제품 회사들이 선택했는데 그의 명성이 무색하리만큼 그 특허와 관련된 상품은 히트를 치지 못했다.

❖ 최고의 지성인과 섹스심벌의 로맨스

세계 최고의 물리학자와 섹스심벌로 전 세계 남성들의 호기심의 대상이 된
여배우 마릴린 먼로와의 로맨스는 20세기 최고의 스캔들로 사람들의 입방
아에 오르내렸다.

두 사람은 자신들이 속한 분야에서 세계적 명성을 날렸던 것과 마찬가지로,
사랑에서도 최고의 열정을 불살랐다.

❖ 실험 대상이 된 뇌

아인슈타인은 죽어서 이름을 남긴 것뿐만 아니라 자신의 신체 일부인 '뇌'
를 실험실에 남겼다. 현재 미국 프린스턴 대학교에서는 아인슈타인의 뇌를
해부해 가면서 그의 천재성이 어디에서 나오는지를 연구하고 있다.

❖ 아인슈타인이 채플린을 만났을 때

어느 날 명배우 채플린과 아인슈타인이 만났다. 채플린은 아인슈타인을 높
이 추어올리며 이런 유머를 던졌다.

"당신은 정말 대단합니다. 누구도 당신이 말하는 것을 알아듣는 사람이 없
는데도 세상은 당신을 가장 훌륭한 과학자로 여기니 말입니다!"